UNION INTERNATIONALE DES SCIENCES PRÉHISTORIQUES ET PROTOHISTORIQUES
INTERNATIONAL UNION OF PREHISTORIC AND PROTOHISTORIC SCIENCES

PROCEEDINGS OF THE XVI WORLD CONGRESS (FLORIANÓPOLIS, 4-10 SEPTEMBER 2011)
ACTES DU XVI CONGRÈS MONDIAL (FLORIANÓPOLIS, 4-10 SEPTEMBRE 2011)

(Session XVI)

VOL. 7

# Archaeology, Societies and Environments in Africa

Edited by

Luis Oosterbeek
Abdoulaye Camara
Cristina Martins

BAR International Series 2655
2014

Published in 2016 by
BAR Publishing, Oxford

BAR International Series 2655

Proceedings of the XVI World Congress of the International Union of Prehistoric and Protohistoric Sciences
Actes du XVI Congrès mondial de l'Union Internationale des Sciences Préhistoriques et Protohistoriques

Secretary of the Congress: Rossano Lopes Bastos
President of the Congress National Commission: Erika Robrhan-Gonzalez
Elected President: Jean Bourgeois
Elected Secretary General: Luiz Oosterbeek
Elected Treasurer: François Djindjian
Series Editors: Luiz Oosterbeek, Erika Robrhan-Gonzalez
Volume title: Archaeology, Societies and Environments in Africa
Volume editors: Luis Oosterbeek, Abdoulaye Camara and Cristina Martins

*Archaeology, Societies and Environments in Africa*

ISBN 978 1 4073 1297 2

© The editors and contributors severally and the Publisher 2014

The signed papers are the sole responsibility of their authors.
Les textes signés sont de la seule responsabilité de leurs auteurs.

Contacts: General Secretariat of the U.I.S.P.P. – International Union of Prehistoric and Protohistoric
Sciences Instituto Politécnico de Tomar, Av. Dr. Cândido Madureira 13, 2300 TOMAR Email: uispp@ipt.pt

The authors' moral rights under the 1988 UK Copyright,
Designs and Patents Act are hereby expressly asserted.

All rights reserved. No part of this work may be copied, reproduced, stored,
sold, distributed, scanned, saved in any form of digital format or transmitted
in any form digitally, without the written permission of the Publisher.

BAR Publishing is the trading name of British Archaeological Reports (Oxford) Ltd.
British Archaeological Reports was first incorporated in 1974 to publish the BAR
Series, International and British. In 1992 Hadrian Books Ltd became part of the BAR
group. This volume was originally published by Archaeopress in conjunction with
British Archaeological Reports (Oxford) Ltd / Hadrian Books Ltd, the Series principal
publisher, in 2014. This present volume is published by BAR Publishing, 2016.

Printed in England

BAR titles are available from:

BAR Publishing
122 Banbury Rd, Oxford, OX2 7BP, UK
EMAIL     info@barpublishing.com
PHONE   +44 (0)1865 310431
FAX         +44 (0)1865 316916
www.barpublishing.com

# Table of Contents

Table of Contents ...................................................................................................................i
List of Figures and Tables ......................................................................................................ii

INTRODUCTION ........................................................................................................................1
*Luiz OOSTERBEEK, Abdoulaye CAMARA, Cristina Pombares MARTINS*

LES PREMIERES INDUSTRIES ACHEULEENNES AU SENEGAL:
   CONTEXTE STRATIGRAPHIQUE ET ARCHEOLOGIQUE .........................................................3
*Abdoulaye CAMARA*

SAHARAN LEGACIES: A HISTORY OF ENVIRONMENTAL, ECONOMIC AND
   CULTURAL CHANGE IN WEST AFRICA DURING THE LATE HOLOCENE ..............................13
*Sylvain OZAINNE*

THE ROCK ART OF ANGOLA WITHIN ITS CONTEXT ..............................................................21
*Cristina Pombares MARTINS*

ROCK ART FROM EBO – THE SEAL OF IDENTITIES ON THE TERRITORY ...................................29
*Luiz OOSTERBEEK, Cristina Pombares MARTINS*

NOUVEAU REGARD SUR L'ART RUPESTRE DU BAS-CONGO .....................................................35
*Geoffroy HEIMLICH*

LA SIDERURGIE DIRECTE EN COTE D'IVOIRE: L'ETAT DE LA RECHERCHE .............................43
*T. Hélène KIENON KABORE, Kouakou Sylvain KOUASSI*

THE MUSEUMS AND THEIR ROLE IN THE PROTECTION OF AFRICAN HERITAGE:
   THE CASE OF BOUBOU HAMA NATIONAL MUSEUM IN NIGER .........................................51
*Sofia FONSECA, Esther GIL*

WUYINKO VERSUS KAABUNKE: TERRITORIALITE, DYNAMIQUE IDENTITAIRE
   ET TECHNIQUE DES MANDING EN SENEGAMBIE .............................................................57
*Moustapha SALL*

# List of Figures and Tables

### *A. Camara:* Les premières industries acheuléennes au Sénégal: contexte stratigraphique et archéologique

Figure 1 – Cadre géologique de l'est du Sénégal ..................................................................4

Figure 2 – Coupe synthétique des formations quaternaires de la basse vallée de la Falémé..................................................................................................................5

Figure 3 – Localisation des sites cités ....................................................................................6

Figure 4 – Biface de Madina Samba Gouro ..........................................................................8

Figure 5 – Biface légèrement ferruginisé de Karé ................................................................8

Figure 6 – Biface grossier de Karé ..........................................................................................8

Figure 7 – Biface de Sansandé ..............................................................................................10

Figure 8 – Biface de Djita ......................................................................................................11

Figure 9 – Biface de Djita ......................................................................................................11

Photo 1 et 2 – Haut niveau alluvial observé à Nayé ............................................................6

Photo 3 – Niveau argileux à blocailles et substratum à Sansandé ....................................9

Photo 4 – Moyen niveau alluvial à Kidira ..........................................................................10

Photo 5 – Détail du moyen niveau alluvial à Kidira ..........................................................10

Tableau 1 – Sites du Paléolithique inférieur du Sénégal oriental (localisation, période, formation sédimentaire) ..........................................................7

### *S. Ozainne:* Saharan legacies: a history of environmental, economic and cultural change in West Africa during the late Holocene

Figure 1 – Dogon country and study area location map ....................................................14

Figure 2 – Chrono-cultural sequence for the Late Holocene of Dogon country .............15

Figure 3 – Key time intervalsmaps showing the links between food production spread and spatial evolution of the main cultural influence spheres during the Late Holocene in West Africa ....................................................................17

### *C.P. Martins:* The Rock Art of Angola within its context

Figure 1 – Map with Angola's rock art sites ......................................................................24

Figure 2 – Engravings from Monte Negro ..........................................................................24

Figure 3 – Ndelambiri's paintings ........................................................................................25

Figure 4 – Calola's engravings ..............................................................................................26

Figure 5 – Macahama's paintings ........................................................................................26

### *L. Oosterbeek & C.P. Martins:* Rock Art from Ebo – the seal of identities on the territory

Figure 1 – Landscape view from the Cumbira's shelter ........................................................... 30
Figure 2 – Soba's tomb ............................................................................................................. 30
Figure 3 – Partial view of Cumbira's village, with painted shelter in the back ....................... 31
Figure 4 – Cumbira's paintings ................................................................................................. 32
Figure 5 – Caiombo's Shelter .................................................................................................... 32
Figure 6 – Ndelambiri's paintings ............................................................................................. 32

### *G. Heimlich:* Nouveau regard sur l'art rupestre du Bas-Congo

Figure 1 – Carte de répartition des sites d'art rupestre du Bas-Congo ..................................... 36
Figure 2 – Bilan et comparaison des dates obtenues pour les charbons de bois de
la grotte de Tovo par Geoffroy Heimlich ............................................................... 39
Figure 3 – Relevé du panneau 3 de la grotte de Tovo .............................................................. 39
Figure 4 – Relevé de Mbanza Mbota ....................................................................................... 40

### *T.H. Kienon Kabore & K.S. Kouassi:* La sidérurgie directe en Côte d'Ivoire: l'état de la recherche

Figure 1 – Reste de vestiges sidérurgiques à Toumodi ............................................................ 46
Figure 2 – Parois de touilles à Toumodi ................................................................................... 46
Figure 3 – Haches polies de la région de Toumodi provenant des sites métallurgiques ......... 47
Figure 4 – Racloirs de la région de Toumodi près des restes sidérurgiques ............................ 47
Figure 5 – Site d'extraction du minerai de fer .......................................................................... 48
Figure 6 – Fourenau de la zone de Koni .................................................................................. 48
Figure 7 – Fourneau de la région de Nawavogo ...................................................................... 48
Figure 8 – Fourneau de Nawavogo, lissage du corps avec de l'argile ..................................... 49
Figure 9 – Fourneau de Poungbè, lissage et utilisation de fragment de fourneau ................... 49
Figure 10 – Utilisation de tuyère dans la structure du fourneau .............................................. 49
Figure 11 – Alignement de fourneaux ...................................................................................... 50

### *S. Fonseca & E. Gil:* The museums and their role in the protection of African heritage: the case of Boubou Hama national museum in Niger

Figure 1 – The costume pavilion of MNBH: the architecture is another special
features of the museum and one of its identity marks ............................................ 52
Figure 2 – *Djerma tissues*: craftsmen in one of the hangars were they produce
with traditional methods, expose and sell their work ............................................. 52
Figure 3 – Original fossil of *Ouranosaurus nigeriensis* (110 million years),
in exhibition since 1973 at the MNBH ................................................................... 52
Figure 4 – Map of Niger with the localisation of Agadez, the Aïr Mountain
and the actual capital of the country, Niamey ........................................................ 53
Figure 5 – *Sarcosuchus Imperator* (100 million years), found by Ph. Taquet in 1966,
at Gadafoua in Agadez region, it's another original fossil present in the MNBH ..... 53

### *M. Sall: Wuyinko* versus *Kaabunke*: Territorialité, dynamique identitaire et technique des manding en Sénégambie

Figure 1 – Zone d'étude ............................................................................................................ 59

Figure 2 – Sources d'argile, méthode de collecte, dégraissant utilisé
et préparation de la pâte ......................................................................................... 60

Figure 3 – Technique de façonnage, de préformage, de profilage de la lèvre
et de fabrication du pied à couronne ...................................................................... 61

Figure 4 – Méthodes de décorations, outils et motifs ........................................................... 61

Figure 5 – Méthode de cuisson et traitements post-cuisson ................................................. 62

Figure 6 – Types de produits confectionnés ......................................................................... 63

Figure 7 – Technique Wuyinko (à droite) versus technique Kaabunké (à gauche) .............. 63

# INTRODUCTION

## Luiz OOSTERBEEK, Abdoulaye CAMARA, Cristina Pombares MARTINS

African Prehistory is at the core of UISPP concerns, namely due to its crucial role to understand the origins and evolution of humans, but also for the complexity of its cultural diversity, in all major issues that are focused by the Union: cultures, economy and environments; specific environmental contexts like deserts or coastal areas, artistic expressions, prehistoric technologies, related methods and theories, history of research or the interaction between archaeology and current society.

In this process, a major partner or UISPP has been from the beginning the Pan-African Congress, and specific efforts were made to resume such collaboration within the preparation of the Florianópolis Congress.

A large number of colleagues were planning to attend the congress, but financial difficulties resulting from the global crisis after 2008, prevented from obtaining the necessary fundings. Nevertheless, important discussions took place, and specific international commissions of UISPP on African Prehistory are currently established.

This volume presents eight papers that cover some of the major debates in African contexts: the lower Palaeolithic of Western Africa (A. Camara), the interaction between human cultures and environment in the late Holocene (S. Ozainne), the rock art in western central and austral Africa (C. Martins, L. Oosterbeek and G. Heimlich), metallurgy (H. Kienon Kaboret and K.S. Kouassi), pottery (M. Sall) and archaeological knowledge socialization (S. Fonseca and E. Gil).

The editors wish this to be a further contribution for an update on African Prehistory.

# LES PREMIERES INDUSTRIES ACHEULEENNES AU SENEGAL: CONTEXTE STRATIGRAPHIQUE ET ARCHEOLOGIQUE

Abdoulaye CAMARA

Laboratoire d'archéologie, IFAN Ch.A. Diop de Dakar, Université de Dakar

**Résumé**: *La recherche préhistorique est relativement ancienne au Sénégal. Des découvertes concernant le Paléolithique sont effectuées en 1916 dans la vallée du Sénégal, et en 1938 dans la Presqu'île du Cap-Vert.*

*A partir de 1948, les recherches archéologiques font émettre l'hypothèse d'une manifestation des premières industries acheuléennes dans la partie orientale du Sénégal.*

*En 1982, des recherches systématiques sont menées dans la basse vallée de la Falémé et de la moyenne Gambie. Elles permettent finalement d'établir des relations entre un outillage préhistorique (retrouvé en surface) et des niveaux quaternaires dont les plus anciens témoins sont signalés dans cette zone (Michel, P., 1973). Plusieurs sites paléolithiques sont découverts. Certains sont fouillés. Un cadre chronologique pour les industries lithiques est proposé*

**Mots-clés**: *Acheuléen, altération, contexte stratigraphique, comblement, creusement, cuirassement, ferrugineux, formation alluviale, Niveau argileux à blocailles, Quaternaire, industries préhistoriques, substratum*

**Abstract**: *Prehistoric researchis relatively old in Senegal. Discoveries concerning the Palaeolithic are made in 1916 in the Senegal River Valley, and in 1938 in the Dakar region.*

*From 1948, archaeological research suggests the hypothesis that the early Acheulean industries are found in the eastern part of Senegal.*

*In 1982, systematic research of the University of Dakar is conducted by B. Duboscq (geology laboratory) and A. Camara (archeology laboratory) in the lower valley of the Falémé and the middle valley of Gambia. They finally used to establish the relationship between a prehistoric tool (found on the surface) and quaternary levels reported in this area by Pierre Michel (1973). Several Paleolithic sites are discovered. Some are excavated. A chronological evolution for lithic industries is proposed.*

**Key-words**: *Acheulean, alteration, stratigraphic context, filling, digging, cuirassing, ferruginous, alluvial formation, Claylevelstone rubble, Quaternary prehistoric industries, substratum*

Le Sénégal, pays situé à l'extrémité occidentale du continent africain (12° à 16°30' de latitude nord, 11°30' et 17°30' de longitude ouest), tire son nom du fleuve qui lui sert de frontière au Nord avec la Mauritanie.

Sur le plan géologique, la zone étudiée, à l'est et au sud est, correspond à une grande pénéplaine dominée par des plateaux et des buttes tabulaires. Cette zone présente les paysages géologiquement les plus anciens et les reliefs les plus variés. Contrairement au reste du pays peu accidenté, cette région présente des hauteurs, de grands escarpements au-dessus des bassins où ils sont entaillés par des vallées encaissées.

A l'extrême Sud, les plateaux tabulaires de l'Infracambrien supérieur, d'une altitude de 400 mètres constituent les derniers contreforts du Fouta-Djalon. Le point culminant du Sénégal (lat. 12°22' N; long. 12°33' W) s'y trouve à 581 mètres d'altitude.

Les plateaux se terminent dans la région méridionale de Kédougou par un escarpement d'environ 200 mètres avant de se raccorder à une vaste surface très morcelée et de pente légère vers le Nord et l'Ouest (une quarantaine de mètres d'altitude vers Bakel et Tambacounda). Au dessus de cette surface se dressent de grandes buttes tabulaires ou arrondies, de 300 à 400 mètres, revêtues de cuirasse ferrugineuse: Bandafassi, Ibel, Collines Bassaris dans la région de Kédougou, les monts Assiriks (311 mètres) dans le Parc National du Niokolo-Koba, le Goéakouto à l'Ouest de Mako (414 mètres).

Sur le plan hydrographique, deux bassins sont présents dans l'Est du pays: le Sénégal avec son affluent principal, la Falémé, et la Gambie qui prennent tous naissance dans le Massif du Fouta-Djalon:

— le Sénégal, dans sa partie qui draine notre secteur qu'il borde au Nord, s'étend sur une trentaine de kilomètres. Son lit majeur, près de Bakel, est large de 2 à 3 km;

— la Falémé, long de 430 m, quitte le territoire guinéen à Fékola, point de confluence avec le Balinko, pour serpenter le long de la frontière entre le Mali et le Sénégal. A quelques kilomètres au Nord de Moussala (13°31' de lat. N, 12°03' de long. W), la confluence avec le Coumbamban fait dévier la frontière en une boucle délimitant une enclave dans la partie sénégalaise dont la bordure septentrionale est tracée par un autre affluent, le SanonKolé;

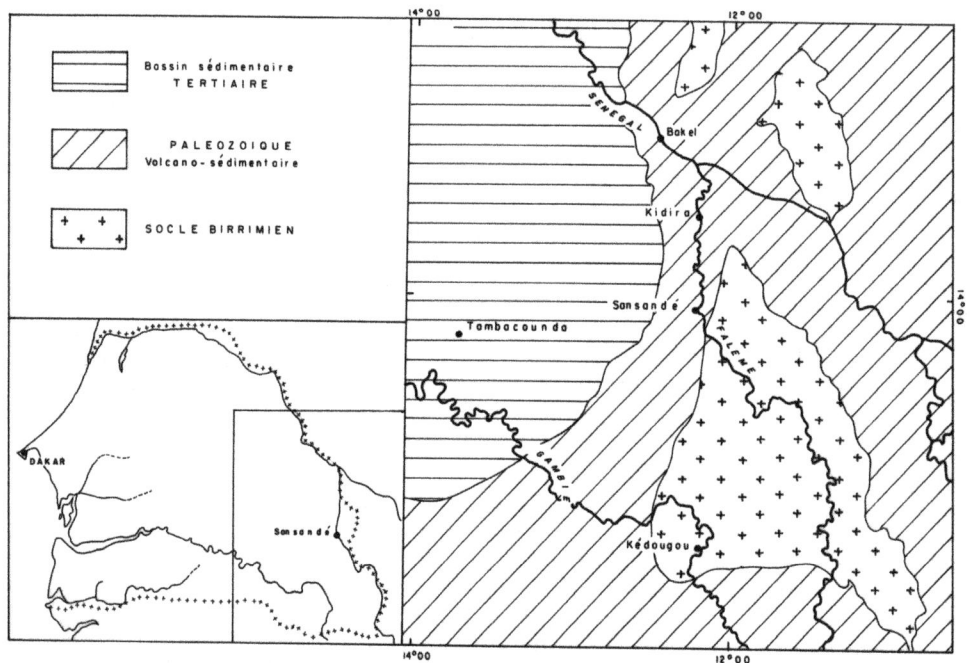

*Figure 1 – Cadre géologique de l'est du Sénégal*

– la Gambie entre dans le territoire sénégalais, à une quinzaine de kilomètres au Sud de Kédougou, et coule dans une zone de faible pente en aval de Simenti. Sur sa rive gauche, elle reçoit trois grands affluents, le Tiakoye, la Diakha et la Koulountou, qui la rejoignent dans la réserve du Parc National de Niokolo-Koba. A la droite de la Gambie deux affluents, le Niokolo-Koba et le Niériko reçoivent plusieurs ramifications qui s'enchevêtrent avec celles de la Falémé. La première dispose d'une embouchure dans le Parc Niokolo-Koba au gué de Bafoulabé, et la deuxième (le Niériko) rejoint le fleuve au gué de Koumprinié, un peu à l'Ouest de Ouassadougou.

Dans l'est et le sud est, ces cours d'eau incisentde puissantes formations volcano-sédimentaires constituée par des pélites, facilement altérables, dans lesquelles viennent s'intercaler des roches plus résistantes: silexites, grauwackes, grès-quartzites, cinérites et dolomies calcaires (Bassot, 1966). Dans les vallées alluviales, le tracé du réseau hydrographiquene s'est pratiquement pas modifié durant le Quaternaire; certains secteurs du substratum plus résistants à l'altération ont été épargnés par les grandes phases de creusement permettant la conservation de dépôts du Quaternaire ancien et moyen. C'est dans ces dépôts qu'un outillage préhistorique attribuable à l'Acheuléen a été retrouvé en surface et hors contexte stratigraphique ou inclus dans des formations sédimentaires permettant de dresser un cadre chronostratigraphique et archéologique de ces outils

## 1. LES DECOUVERTES STRATIGRAPHIQUES ET ARCHEOLOGIQUES

La recherche préhistorique est relativement ancienne au Sénégal. La publication des découvertes relatives au Paléolithique a été faite dès 1916 dans la vallée du Sénégal (Zeltner, 1916), et dans la vallée de la Falémé (Laforgue, 1925; Corbeil et Mauny, 1948: Ravisé, 1975; Descamps, 1972; Diop, 1980).

Durant cette première phase de recherche, faute d'ajustement entre les données de la géomorphologie et celles de l'archéologie préhistorique, et en l'absence d'observation de sites en place dans des formations quaternaires, l'établissement d'un cadre chronologique pour les outillages paléolithiques et les sites a été difficile.

A partir de 1981, nos recherches (Camara et Duboscq) dans les vallées de la Falémé, nous ont permis:

– d'établir des relations entre l'outillage préhistorique (retrouvé en surface et hors contexte stratigraphique) et les niveaux quaternaires dont les plus anciens témoins ont été signalés dans cette zone (Michel, 1973);

– de retrouver des outillages en place dans des niveaux individualisés;

– de proposer un cadre chronologique et stratigraphique mettant en évidence l'évolution des industries et leur relation avec les séries sédimentaires et les grandes unités géomorphologiques décrites dans les bassins des fleuves Sénégal et Gambie;

– de confirmer la remarquable identité de l'évolution chronostratigraphique de la basse vallée de la Falémé, au Nord, et de la moyenne vallée de la Gambie, au sud, dans la zone du Parc National du Niokolo-Koba et de la région de Kédougou.

Une échelle chronostratigraphique (Camara, Duboscq, 1984) a été proposée après les observations archéologiques, mais également à partir d'autres données

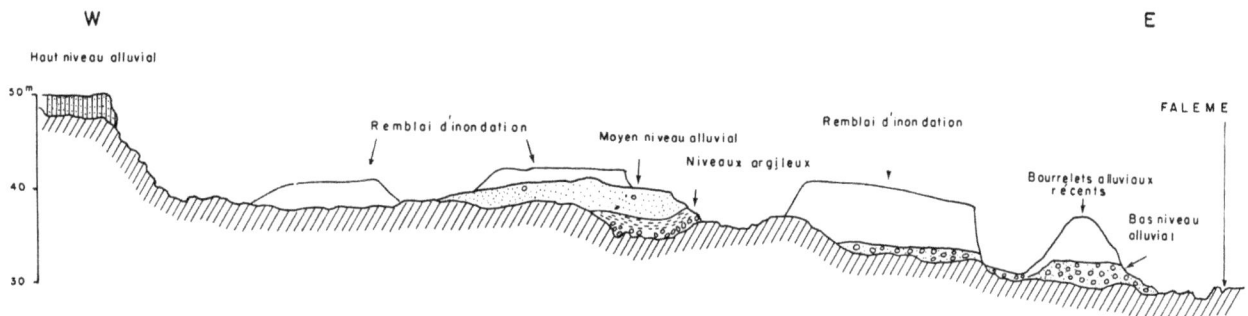

*Figure 2 – Coupe synthétique des formations quaternaires de la basse vallée de la Falémé*

comme celles climatiques, tirées de l'étude des carottes marines effectuées au large de la Mauritanie, et plus particulièrement des travaux de Parkin et Shackleton (1973) sur la carotte V-23-100 et ceux relatifs à la carotte 13289 présentée par M. Sarnthein *et al.* (1982). En plus des données climatiques, nous avons utilisé les données de la morphogenèse résultant des trois grands phénomènes qui ont modelé le paysage quaternaire: le creusement, le comblement des vallées et l'altération des roches (Michel, 1973; Camara, Duboscq, 1984).

## 2. LES DONNEES DE LA MORPHOGENESE

D'une manière générale, dans les vallées de la Falémé et de la Gambie, où nous avons effectué le plus d'observations et de collecte d'outils préhistoriques, chaque épisode de dépôts alluviaux (comblement) est suivi d'une phase d'entaille qui entraîne l'élimination des formations antérieures (creusement). La mise en place des alluvions se fait ainsi sur un substratum mis à nu.

2.1. les phases de creusement peuvent correspondre à des périodes arides à semi-arides, où les précipitations rares mais violentes ont un fort pouvoir érosif: la végétation ne fixant plus les sols qui vont être ainsi déblayés. Durant ces phases, la forte érosion des bassins versants et l'entaille du paysage par le réseau hydrographique, en mettant le substratum à nu, provoquent la libération d'un matériel grossier qui participe à l'édification des glacis (Michel, 1973);

2.2. les épisodes de comblement, lors des périodes humides, tout en entraînant des dépôts alluvionnaires, peuvent correspondre à un développement de la végétation et à une circulation de l'eau qui amorce le processus d'altération des roches et du cuirassement ferrugineux des dépôts. Pour les outillages du Paléolithique inférieur, trois types de formation sont relevés sous forme de dépôts grossiers ou fins:

2.2.1 des niveaux alluviaux attribuables à des épisodes climatiques humides pendant lesquels la force des cours d'eau expliquerait un important transport en long des galets qui encombrent le lit des rivières;

2.2.2 des niveaux de gravillons ferrugineux attribuables à des épisodes moins humides où la dégradation locale du couvert végétal permet l'épanchement d'un matériel provenant des versants, des glacis ou des anciens niveaux alluviaux cuirassés;

2.2.3 des dépôts de pente et de fond de cuvette, attribuables à des phases humides, peuvent s'édifier à la place à la place des terrasses ou des niveaux alluviaux. C'est ainsi qu'à Sansandé, ce sont des sédiments fins mis en place par colluvionnement qui se sont accumulés dans des bas-fonds: le développement d'une végétation fixant les formations superficielles ne permettant plus que le déplacement des éléments les plus fins résultant de l'altération des roches qui constituent le substratum.

Nos observations nous montrent que les outils du Paléolithique inférieur sont en relation avec quatre types de formations: le haut niveau alluvial, l'affleurement des débris du substratum entre le haut et moyen niveau alluvial, les niveaux argileux à blocaille de Sansandé, et enfin le moyen niveau alluvial. Les deux niveaux alluviaux (haut et moyen) constituent naturellement le cadre où se retrouvent les outillages du Paléolithique inférieur, avec ou sans les ordres directeurs du complexe acheuléen à savoir les bifaces et les hachereaux.

## 3. LES INDUSTRIES EN RELATION AVEC LE HAUT NIVEAU ALLUVIAL

Le haut niveau alluvial, démantelé se rencontre sous forme de graviers et de galets de quartz et de quartzite fortement altérés, ferruginisés, mélangés à des fragments de cuirasses ferrugineuses et des débris du substratum. Ce niveau alluvial peut correspondre au stade climatique chaud, de 345,000 à 300,000 B.P., qui semble débuter par une phase humide très accentuée responsable de l'édification d'un niveau à galets. Cette phase s'est poursuivie par des stades moins humides qui ont entraîné le dépôt des gravillons ferrugineux et qui ont provoqué le cuirassement des niveaux et l'altération du substratum.

Une cuirasse ferrugineuse conglomératique massive, de 0,5 à 3 mètres d'épaisseur, correspondant à la moyenne terrasse définie par P. Michel, 1973, observée dans la

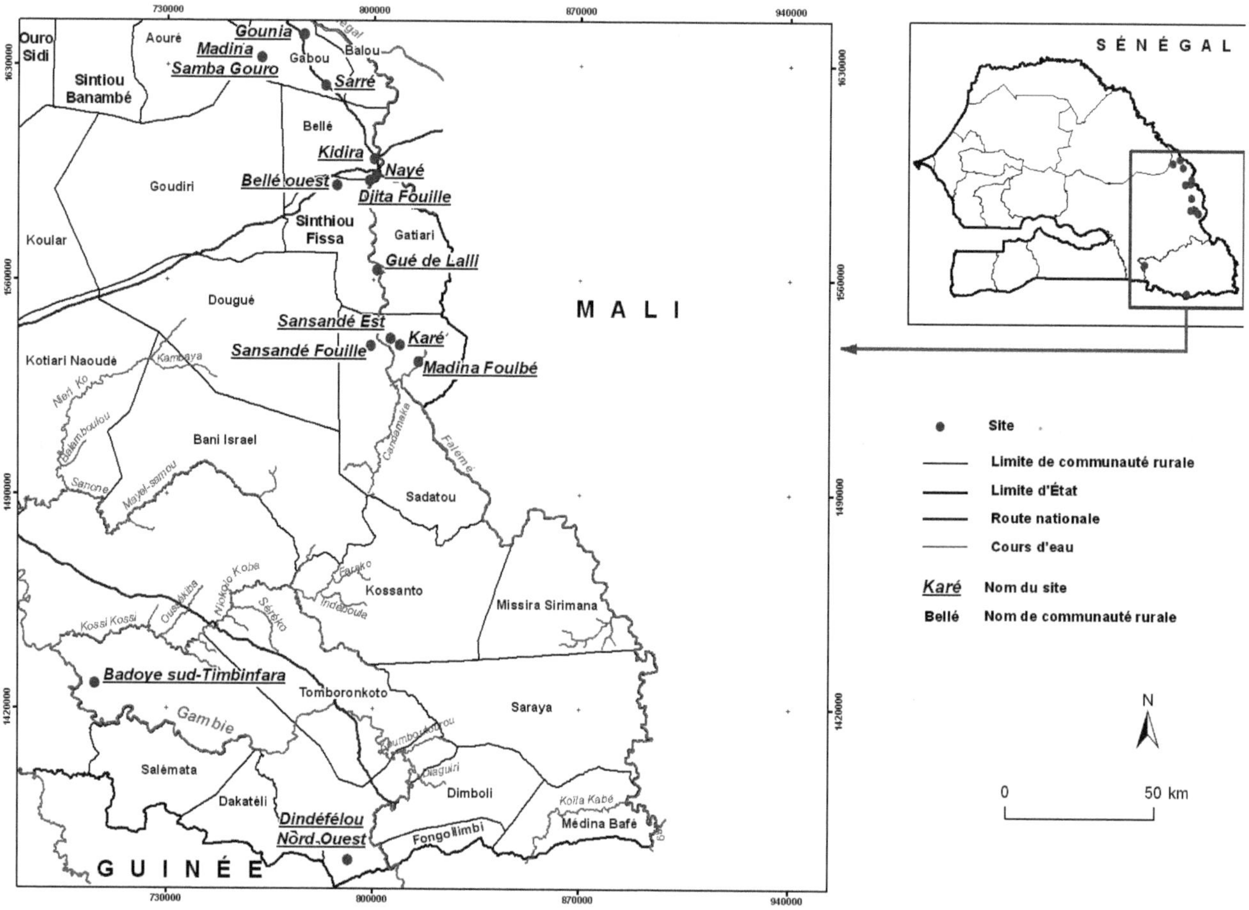


Sources : Relevées GPS
DTGC 2008 / WGS 84 UTM Zone 28N

Cartographie : N. Sagna, IFAN Ch. A. Diop
Février 2013

*Figure 3 – Localisation des sites cités*

basse vallée la Falémé, au sud de Sansandé et à Nayé, et dans la moyenne vallée de la Gambie à Dindéfélou, a livré quelques outils:

- à Nayé (14°25' N, 12°14' W), deux séries ont été enregistrées: la pièce (SEN 84-11) est un bec aménagé sur un support en galet de grés-quartzite (92 x 58 x 43) présentant des incrustations ferrugineuses; les pièces enregistrées sous SEN 87-13 se composent de trois choppers et d'un éclat;
- à Sansandé Est, rive droite de la Falémé (13°55' N, 12°11' W), les pièces enregistrées sous SEN 83-41 ont été récoltées sur la route de Madina Foulbé. Elles sont constituées de deux choppers très roulé pour l'un, et très ferruginisé pour l'autre, d'un racloir, à retouches de type denticulé épaisse sur un petit galet fracturé, et d'un grattoir-rabot, à arêtes émoussées et à incrustations ferrugineuses;
- à Dindéfélou Nord Ouest (12°23' N, 12°18' W), au sud de Kédougou, la seule pièce enregistrée sous SEN 83-119 est un outil nucléiforme sur galet.

Peut-être contemporain de cette ancienne formation alluviale, un niveau ferruginisé de galets et de graviers a livré à Madina Samba Gouro (14°45' N, 12°34' W) un biface ferruginiséen grès quartzite et quelques outils. La série, Sen 82-32, a été trouvée sur le flanc d'une butte résiduelle à 1 km au sud du village.

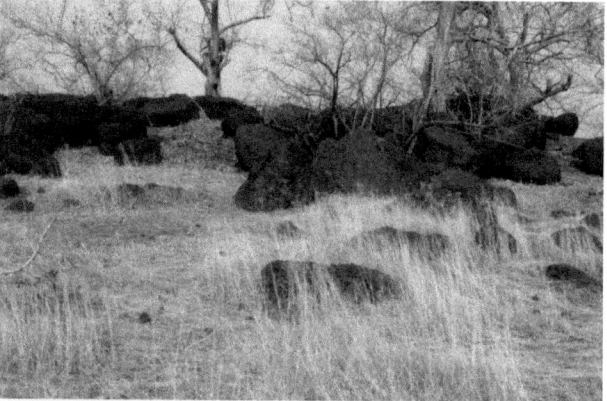

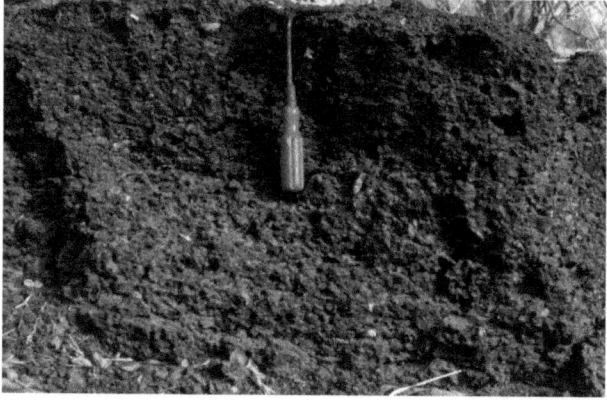

*Photo 1 et 2 – Haut niveau alluvial observé à Nayé*

*Tableau 1 – Sites du Paléolithique inférieur du Sénégal oriental (localisation, période, formation sédimentaire)*

| Localisation | Lat. N | Long. W | Période | Formation sédimentaire |
|---|---|---|---|---|
| **Moyenne vallée Gambie** | | | | |
| Samécouta Nord | 12°37' | 12°07' | Paléolithique inférieur | Moyen niveau alluvial |
| Aval Laminia | 12°39' | 12°07' | Paléolithique inférieur | Moyen niveau alluvial |
| Dindéfélou Nord Ouest | 12°23' | 12°18' | Paléolithique inférieur | Haut niveau alluvial de la Gambie |
| Angueniapissa | 12°28' | 12°14' | Paléolithique et Néolithique | Moyen niveau alluvial |
| Bretelle Sinkaré | 13°06' | 13°16' | Paléolithique inférieur | Moyen niveau alluvial |
| Simenti | 13°02' | 13°18' | Paléolithique inférieur | Moyen niveau alluvial |
| Aval Bénindipost | | | Paléolithique inférieur | Moyen niveau, lambeau de graviers |
| Mare de Sitendi | 13°03' | 13°09' | Paléolithique inférieur | Moyen niveau alluvial |
| Patte d'Oie de Nioko | 13°04' | 13°10' | Paléolithique inférieur | Moyen niveau alluvial |
| Mongo | 12°50' | 13°01' | Paléolithique inférieur | Moyen niveau alluvial de la Gambie |
| Badoye sud- Timbinfa | 12°54' | 13°08' | Paléolithique inférieur?? | Niveau argileux à gravillons et substratum |
| **Basse vallée de la Falémé** | | | | |
| Bélidjinbara est | 14°04' | 12°18' | Paléolithique inférieur | Glacis cuirassé |
| Karé, rive droite | 13°54' | 12°09' | Paléolithique inférieur | Glacis n°1, et affleurement des débris du substratum |
| Kaourou | 13°37' | 12°03' | Paléolithique inférieur | Moyen niveau alluvial |
| Kaourou | 13°37' | 12°03' | Paléolithique inférieur | Moyen niveau alluvial |
| Sansandé Sud, 1er Ma | 13°55' | 12°13' | Paléolithique inférieur | Moyen niveau alluvial |
| Sansandé Sud, 1er Ma | 13°55' | 12°13' | Paléolithique inférieur | Niveau argileux à blocaille |
| Sansandé Sud, 2er Ma | 13°54' | 12°14' | Paléolithique inférieur | Moyen niveau alluvial |
| Sansandé Sud, 2er Ma | 13°54' | 12°14' | Paléolithique inférieur | Niveau argileux à blocaille |
| Sansandé Sud, 2er Ma | 13°54' | 12°13' | Paléolithique inférieur | Niveau argileux à blocaille |
| Sansandé Est, rive droite | 13°55' | 12°11' | Paléolithique inférieur | Haut niveau alluvial |
| Kidira | 14°27' | 12°12' | Paléolithique inférieur | Moyen niveau alluvial de la Falémé |
| Bellé Ouest | 14°24' | 12°21' | Paléolithique inférieur | Glacis n°1, 4,4 km de Sinthiou Fissa |
| Bellé Est | | | Paléolithique inférieur | Sur glacis n°1 |
| Nayé | 14°25' | 12°14' | Paléolithique inférieur | Haut niveau alluvial de la Falémé, |
| Djita Est | 14°23' | 12°14' | Paléolithique inférieur | Sur glacis n°1 |
| Djita | 14°23' | 12°13' | Paléolithique inférieur | Moyen niveau alluvial de la Falémé |
| Sénoudébou | 14°20' | 12°15' | Paléolithique inférieur | Moyen niveau alluvial très démantelé |
| Gué de Lalli, Rive gauche | 14°07' | 12°11' | Paléolithique inférieur | Moyen niveau alluvial, démantelé sous le remblai |
| Missira Village | 14°02' | 12°11' | Paléolithique inférieur | Moyen niveau alluvial |
| **Vallées affluents du Sénégal** | | | | |
| Madina Samba Gouro | 14°45' | 12°34' | Paléolithique inférieur | Butte, 1km Sud du village |
| Sarré | 14°40' | 12°22' | Paléolithique inférieur | Surface sur le glacis 1 |
| Gounia | 14°49' | 12°26' | Paléolithique inférieur | Pied de la Butte; 9 km sud de Bakel |

Par leur état physique, les outils du haut niveau alluvial plaident pour une culture ancienne. Cependant, les séries récoltées dans ces stations ne sont pas assez nombreuses pour que leur étude puisse déboucher sur une interprétation typologique fiable. Il est évident que la silexite à faciès jaspe, matière première affleurant dans cette région n'a pas résisté à l'altération et à la ferruginisation des terrasses.

Ces découvertes d'outillage en relation avec le haut niveau alluvial ont été rapprochées d'outils plus caractéristiques trouvés dans des niveaux alluviaux contemporains: P. Michel (1973) nous informe sur deux bifaces recueillis dans des dépôts du « moyen glacis cuirassé » que nous mettons en parallèle avec le haut niveau alluvial: le premier a été trouvé par R Corbeil (1951) enrobé dans un bloc de latérite dans la région de

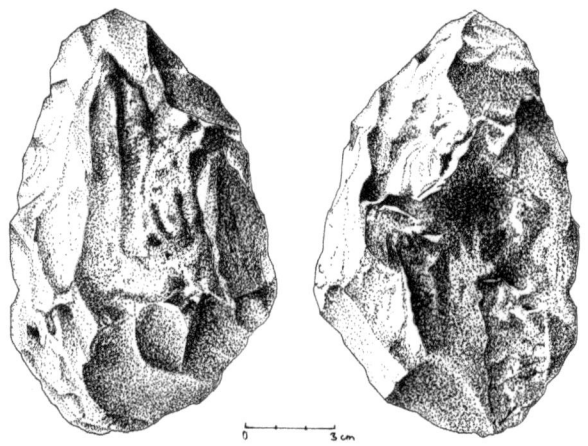

*Figure 4 – Biface de Madina Samba Gouro*

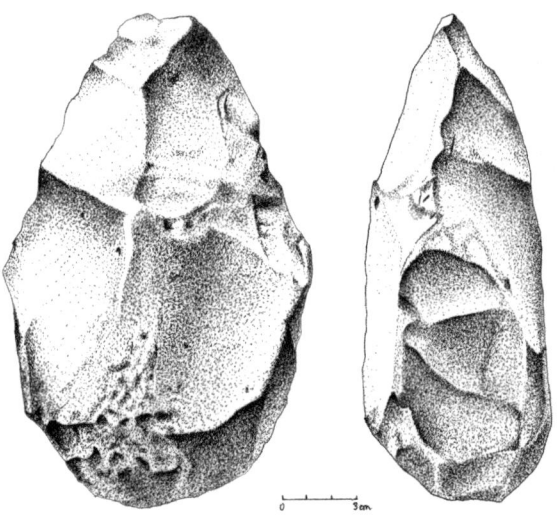

*Figure 5 – Biface légèrement ferruginisé de Karé*

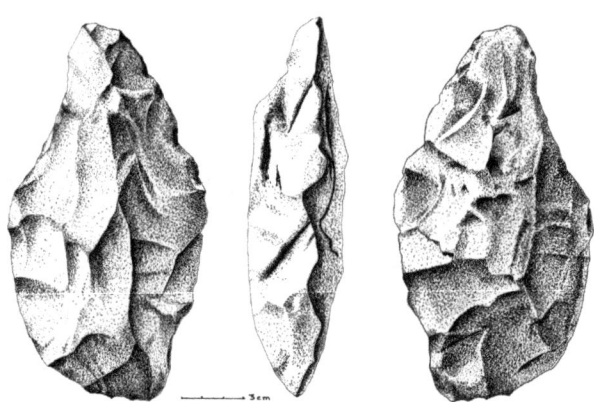

*Figure 6 – Biface grossier de Karé*

Pita en Guinée française;[1] le deuxième a été découvert avec des éclats incrustés dans une cuirasse au Nord-Est d'El-Geleïta, dans la partie méridionale du massif de l'Afollé près de la frontière du Mali et de la Mauritanie (selon une note de P. Fitte, 1959). C'est en raison de la présence de ces bifaces, que nous considérons ces industries en relation avec le haut niveau alluvial comme des manifestations d'un Acheuléen ancien dont nous ne disposons que d'une vue partielle de l'outillage (A. Camara et B. Duboscq, 1984).

## 4. LES INDUSTRIES EN RELATION AVEC LES AFFLEUREMENTS DES DEBRIS DU SUBSTRATUM SITUES ENTRE LE HAUT ET LE MOYEN NIVEAU ALLUVIAL

Les industries en relation avec les affleurements des débris du substratum situés entre le haut et le moyen niveau alluvial se trouvent généralement hors de tout contexte stratigraphique. Les outils, comme les fragments ferruginisésde roche, se retrouvent sur des grandes surfaces de glacis légèrement au dessous des témoins démantelés du haut niveau alluvial. Les incrustations ferrugineuses présentes sur certaines pièces laissent penser qu'elles étaient incluses dans un niveau sédimentaire (colluvion, dépôt de pente) aujourd'hui disparu.

Ces affleurements de débris du substratum correspondent à une phase d'entaille du stade climatique froid 8 qui a été suffisamment importante pour ne laisser que de très rares témoins du haut niveau alluvial (Camara et Duboscq, 1984).

Des outillages ont été récoltés ou signalés anciennement en surface de glacis dans la vallée du Sénégal par Pierre Laforgue en 1926 à Sarrédans le marigot du Banin Kolé (14°40' N, 12°22' W), et par Cyr Descamps en 1970 à Gounia (14°49' N, 12°26' W) au pied d'une butte à 9 km sud de Bakelet à Bellé ouest (14°24' N, 12°21' W) à 4,4 km de Sinthiou Fissa pour les collections SEN 70-3 et SEN 73-6.

A ces sites, nous avons ajouté ceux découverts par nous dans les années 80 dans la basse vallée de la Falémé à Bellé est (dans le marigot du Kodal), à Djita est (marigot du Dénieko), à Karé et à Bélidjinbara est.

A Karé, sur la rive droite de la Falémé (13°54' N, 12°09' W), plusieurs ensembles d'outils ont été enregistrés sous les numéros SEN 83-43, 83-116, 84-9, 84-69, 85-97, 87-21, 90-5 et 91-14. C'est l'une des plus riches collections constituées sur un site du Paléolithique inférieur de l'est du Sénégal. Une partie du matériel de Karé, les séries Sen 84-9 (25 pièces dont 3 bifaces), Sen 84-69 (172 pièces) et Sen 87-21 (8 pièces dont 3 bifaces et 1 hachereau), a fait l'objet d'une étude dans le cadre d'un mémoire de maîtrise (Mbodj, 1989). Un examen typologique réalisé sur 210 pièces donne une idée générale de la composition de l'outillage:

– une utilisation de supports de grandes dimensions (valeur moyenne de 99 x 73 x 31 mm);

– une faible représentation d'outils sur galets (2%);

---

[1] Selon Corbeil, un biface de 107 mm a été dégagé au burin, dans un bloc de latérite qui comme ceux qui affleurent la collinecaractériseun conglomérat ancien qui est la cuirasse du moyen glacis.

- des nucléus (99 x 76 x 37), généralement des discoïdes à enlèvements centripètes (8% de l'outillage), ou des levallois (3%), quelquefois des nucléus prismatiques, ou globuleux;
- une bonne représentation de bifaces (17%), taillés sur des supports épais, mais peu diversifiés: ovalaires (30% des bifaces), cordiformes et subcordiformes (30%), triangulaires, discoïdes, ou limandes (8%) et plus rarement lancéolés;
- des hachereaux, numériquement inférieurs aux bifaces (4%);
- un petit outillage, largement dominé par les racloirs (31%) souvent de types simples aménagés par des retouches épaisses, et des outils de la famille des encoches et denticulés bien représentés (11%);
- une rareté des grattoirs.

En raison de ces caractéristiques typologiques, et dans le cadre de nos hypothèses, nous avons proposé d'attribuer cette industrie à un faciès qui s'apparenterait à celui d'un Acheuléen moyen dont l'outillage avait dû se trouver dans un niveau mis en place lors d'une période de creusement des vallées; un creusement qui correspondrait pour nous à une importante phase d'entaille du stade climatique froid 8 qui n'a laissé que de très rares témoins du haut niveau alluvial (Camara, Duboscq, 1984).

D'autres séries en relation avec les affleurements des débris du substratum situés entre le haut et le moyen niveau alluvial ont été retrouvées en bordure des marigots affluents à l'ouest de la Falémé:

| Sites | Localisation | Collections |
|---|---|---|
| Bellé Ouest | 14°24' N, 12°21' W | SEN 70-4, 82-28, 82-106 |
| Bellé Est | | SEN 83-23 |
| Bélidjinbara Est | 14°04' N, 12°18' W | SEN 83-35 |

La série 82-28 de Bellé ouest est une industrie en quartz, quartzite et silexite, recueillie dans une carrière de gravillons ferrugineux à droite de la route Sinthiou Fissa-Bellé. Tandis que la série 83-35 a été récolté à Bélidjinbara Est sur l'affleurement de la cuirasse, à 100 m avant les collines, à droite de la route. Elle est constituée d'un polyèdre et d'un éclat en silexite.

## 5. LES INDUSTRIES EN RELATION AVEC LES NIVEAUX ARGILEUX A BLOCAILLE

Au Sud de Sansandé, on peut observer au dessus du substrat de pélites à passées de silexite, un ensemble de niveaux à dominante argileuse, d'épaisseur variable (1 à 4 mètres) constitué de deux types de dépôts superposés: un niveau argileux à blocaille et un niveau d'argiles bariolées (Camara, Duboscq, 1984). Selon nos hypothèses, les niveaux argileux se sont déposés lors du stade 7, entre 250,000 et 180,000 B.P., lors d'épisodes humides. Ces épisodes sont responsables des dépôts de

*Photo 3 – Niveau argileux à blocailles et substratum à Sansandé*

pente et de sédiments fins mis en place par colluvionnement, et qui se sont accumulés dans des bas-fonds.

C'est presque au contact avec le substrat, dans le niveau argileux à blocaille (constitué de fragments de pélites, de silexites emballés par une matrice argileuse sableuse associée à des graviers et gravillons) qu'une industrie riche en bifaces a été mise en évidence. D'importantes collectes ont permis de mieux caractériser l'industrie et de disposer d'une série représentative du site au sud de Sansandé (col 83-30, 83-31, 83-32, 83-39, 83-44, 83-45, 83-47, 84-6, 84-7, 84-65, 85-96, 87-19, 87-20).

Deux fouilles archéologiques en mars 1983 et en février 1990 ont permis de relever quatre niveaux stratigraphiques. C'est dans le niveau 4, de 60 à 110 cm, un ensemble argileux qui se subdivise en trois sous-niveaux se différenciant du sommet à la base par une présence plus importante de débris et de fragments du substratum, que provient laquasi totalité de des pièces taillées. Ces dernières sont en relation avec « une blocaille de pélites et de silexites altérées, mélangée à de rares galets de quartzite et de quartz, de graviers de grès ferrugineux patinés et de petits fragments de silexite altérée ».

L'étude typologique de l'outillage constitué a montré:
- une élaboration quasi totale des outils à partir des silexites à faciès jaspe qui sont des roches d'origine volcano-sédimentaire, à cassure conchoïdale et qui affleurent sur le site;
- une faible représentation des outils sur galets;
- une large utilisation du procédé de débitage levallois;
- un choix de grands supports pour la taille des outils tels que les bifaces (22%), généralement amygdaloïdes et lancéolés, et les hachereaux (14%);
- un petit outillage composé presque essentiellement de racloirs (14%), mais de peu d'encoches et denticulés et de rares grattoirs.

Dans le cadre d'hypothèse de travail, nous avons corrélé ce niveau argileux avec le niveau 5 individualisé lors de

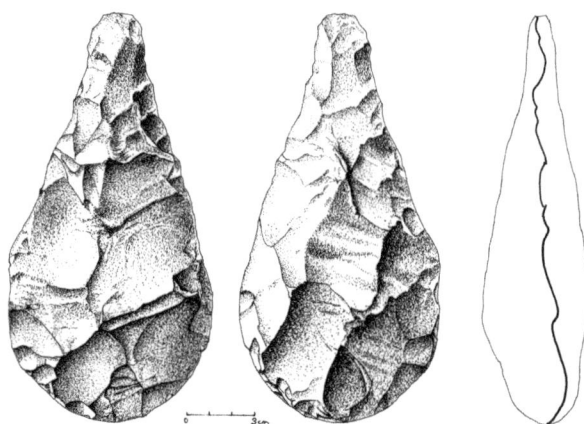

*Figure 7 – Biface de Sansandé*

la fouille de Djita qui est une « brèche de fragments du substratum, de graviers et de gravillons à matrice argilo-sableuse consolidée » (Camara, Duboscq, 1990).

## 6. LES INDUSTRIES EN RELATION AVEC LE MOYEN NIVEAU ALLUVIAL

Le moyen niveau alluvial ou « basse terrasse » définie par P. Michel, 1973, apparaît dans la vallée de la Falémé sous forme de gravillons de grès ferrugineux à rares galets de quartz, pris dans une matrice de sables argileux. Baptisée « niveau de Djita » (Camara, Duboscq, 1984), l'édification de cette formation a débuté, selon nos hypothèses, au début avec le Pléistocène supérieur (130,000 B.P.).

Dans les niveaux de gravillons ferrugineux ont été recueillis des outils non roulés; et c'est peut-être là que l'on doit rattacher le hachereau (140 x 84 x 50 mm) récolté par R. Mauny en 1948, et le biface à biseau terminal (110 x 69 x 20 mm) récolté par A. Diop et publié en 1980. De nombreux témoins de cette formation ont été observés dans la vallée de la Falémé où des séries typologiques ont été constituées à Kidira (14°27' N, 12°12' W), à Djita (14°23' N, 12°13' W), à Sénoudébou (14°20' N, 12°15' W), au Gué de Lalli, sur sa rive gauche (14°07' N, 12°11' W), à Missira (14°02' N, 12°11' W), au sud de Sansandé, au sud de Karé, à Madina Foulbé (13°51' N, 12°05' W) et à Kaourou (13°37' N, 12°03' W).

Un des témoins du moyen niveau alluvial, celui de Djita, a fait l'objet d'une fouille en mars 1984 (Camara, Duboscq, 1990). Cinq couches ont été observées au dessus d'un substratum de pélites altérées à banc de silexite. Cependant la plupart des pièces proviennent des niveaux 2 et 3 situés entre 27 et 60 cm. Les caractéristiques techniques et typologiques qui concluent un examen des outils montrent:

– un choix de supports sur galets tirés des alluvions du moyen niveau et des roches et débris du substratum qui affleure: quartz (39%), silexite (30%), quartzite (20%), jaspe et grès-quartzite;

*Photo 4 – Moyen niveau alluvial à Kidira*

*Photo 5 – Détail du moyen niveau alluvial à Kidira*

– une transformation en outils des galets de petites dimensions (46 x 32 x 28 mm) en microchoppers et microchopping-tools (29%);

– un fort pourcentage des racloirs (17%) au sein du petit outillage;

– une bonne représentation des encoches et des becs (11%);

– une faible représentation des bifaces (4%), générale-ment des amygdaloïdes;

– et des hachereaux rares.

Dans le cadre de nos hypothèses de travail, nous avons attribué cet outillage aux industries de l'Acheuléen final (Camara, Duboscq, 1990) en concluant que cette attribution « tient moins à ses caractéristiques techniques

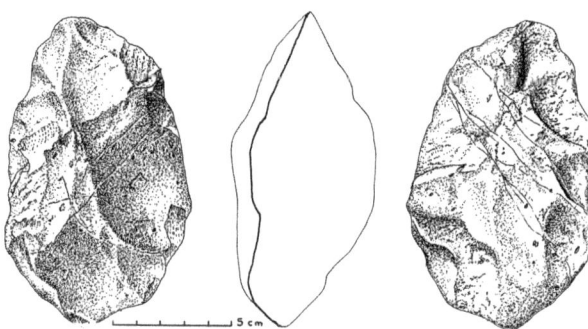

*Figure 8 – Biface de Djita*

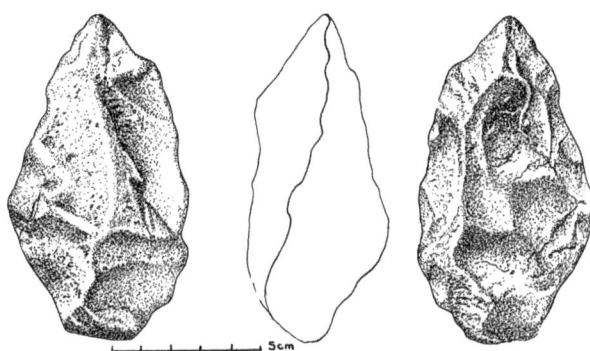

*Figure 9 – Biface de Djita*

et typologiques qu'à la séquence stratigraphique ébauchée par nous ... ».

Dans la vallée du Sénégal, Adama Diop (Faculté des lettres de Dakar) et Annie Ravisé (IFAN) ont recueilli et observé des outils en relation avec une cuirasse gravillonnaire ou conglomératique reposant sur le substratum que B. Duboscq (IFAN) pense contemporain du moyen niveau alluvial.

Dans la moyenne vallée de la Gambie et certains de ses affluents, P. Michel (1973) a rapporté des découvertes d'outils: un petit biface de 8 cm de long en métabasite trouvé près du Rfakana-Ko, affluent de droite du cours supérieur du Niokolo-Koba; l'objet se « trouvait sur les alluvions fines dominant le lit majeur actuel du marigot; celles-ci semblent correspondre aux dépôts sablo-argileux de la basseterrasse inférieure, observée dans le bassin de la Falémé ».

## 7. CONCLUSION

Dans les vallées de la Falémé et de la moyenne Gambie, les différentes phases de la morphogénèse quaternaire sont restées bien marquées dans le paysage. Les recherches archéologiques à partir de 1982 ont confirmé l'hypothèse d'une plus grande ancienneté de peuplement préhistorique dans cette région, mais ont permis surtout la découverte d'un grand nombre de sites paléolithiques, la proposition d'un cadre chronologique pour les industries lithiques basée non sur des datations absolues mais sur l'observation des niveaux sédimentaires en contact avec les outils.

Signalons un important programme en cours: depuis 2010, une équipe de l'Université de Genève sous la direction du professeur Eric Huysecom poursuit des recherches sur le peuplement pléistocène de l'Afrique de l'Ouest sub-saharienne. Dans le cadre de ce programme, les prospections et les fouilles démarrées dans la vallée de la Falémé ont livré leurs premiers résultats.

**Bibliographie**

BASSOT, J.-P. 1966. Étude géologique du Sénégal oriental et de ses confins guinéo-maliens. *Mémoire Bureau Recherche Géologique et Minière*, Paris, n° 40, 322 p.

CAMARA, A. 2007. Les cultures à bifaces dans l'espace sénégambien. Communication au colloque: *les cultures à bifaces du Pléistocène inférieur et moyen dans le monde. Emergence du sens de l'harmonie*, France, Tautavel (25 au 30 juin 2007).

CAMARA, A. et DUBOSCQ, B. 1984. Le gisement préhistorique de Sansandé, basse vallée de la Falémé. Sénégal. Approche typologique et stratigraphique. *L'Anthropologie (Paris)*, t. 88, n° 3, pp. 377-402.

CAMARA, A. et DUBOSCQ, B. 1990. La fouille d'un site acheuléen à Djita (basse vallée de la Falémé, Sénégal). *L'Anthropologie (Paris)*, t. 94, n° 2, pp. 293-304.

DIOP, A. 1980. Découverte d'un biface à biseau terminal à Djita (Sénégal oriental). *Notes africaines*, n° 167, pp. 68-70.

LAFORGUE, P. 1925. Etat actuel de nos connaissances sur la Préhistoire en A.O.F. *Bulletin Comité d'Etude Historique et Scientifique de l' A.O.F*, pp. 105-171.

MBODJI, N. 1989. Étude typologique des outillages de Karé et de quelques sites de la basse vallée de la Falémé (Sénégal oriental). *Mémoire maîtrise*, département d'Histoire, Faculté des Lettres et Sciences Humaines, Université de Dakar, 1989, 112 p.

MICHEL, P. 1973. Les bassins des fleuves Sénégal et Gambie. Étude géomorphologique. *Thèse*, Strasbourg, 1969, *Mémoire O.R.S.T.O.M*, n°63, 3t, 752p, 170 fig, 39 tabl., 91 phot., 9 pl., 6 cartes h.t.

PARKIN, D.W.; SHACKLETON, N.J. 1973. Trade Wind and Temperature correlations down a Deep-Sea Core off the Saharian Coast, *Nature*, Vol. 245, 1973, 1 fig., pp. 455-457.

SARNTHEIN, M.; THIEDE, J.; PLAUMANN, U.; ERLENKEUSER, H.; FUTTERER, D.; KOOPMAN, B.; LANGE, H.; SEIBOLD, E. 1982. Atmospheric and Oceanic Circulation Paterns off Northwest Africa During the Past 25 millions Years. In: Geology of the North West African Continental Margin, Berlin, Springer-Verlag, pp. 545-604, 26 fig. réf. bibl.

ZELTNER, F. de 1916. Quelques gisements préhistoriques de la vallée du Sénégal. *Bull. Mém. Soc. Anthr. Paris*, t 7, pp. 238-244.

# SAHARAN LEGACIES: A HISTORY OF ENVIRONMENTAL, ECONOMIC AND CULTURAL CHANGE IN WEST AFRICA DURING THE LATE HOLOCENE

Sylvain OZAINNE

Laboratory "Archéologie et Peuplement de l'Afrique", Anthropology Unit of the Department of Genetics and Evolution, Faculty of Sciences, University of Geneva, 12, Rue Gustave Revilliod, 1211 Genève 4 –Switzerland
sylvain.ozainne@unige.ch

**Abstract**: *In Dogon Country (Mali), recent research carried out in the framework of the international project project "Human Settlement and Paleoenvironment in West Africa" allowed defining a rich chronocultural reference framework for the Late Holocene period (2500-500 cal BC). Covering the regional Late Neolithic/Later Stone Age and Early Iron Age, the sequence is punctuated by several technical and cultural transitions, which seem synchronized with some significant environmental and economic change. It appears indeed that the development of three major currents of cultural influence in the sub-Saharan zones of West Africa during the Late Holocene is mainly underlain by the expansion of herding and agriculture.*

**Keywords**: *West Africa, Mali, Late Neolithic/Later Stone Age, Early Iron Age, Food producing*

**Résumé**: *En Pays dogon (Mali), des recherches pluridisciplinaires récemment menées dans le cadre du projet "Peuplement humain et paléoenvironnement en Afrique de l'Ouest" ont permis d'établir une séquence chrono-culturelle et environnementale précise pour l'Holocène récent de la région (2500-500 cal BC). Couvrant le Néolithique récent et l'Âge du Fer ancien de la région, la séquence est rythmée par plusieurs transitions techniques et culturelles semblant coïncider avec d'importants changements environnementaux et économiques. En effet, il apparaît que le développement des principaux courants culturels qui concernent l'Afrique de l'Ouest à l'Holocène récent est principalement associé à l'expansion de l'élevage et de l'agriculture.*

**Mots clés**: *Afrique de l'Ouest, Mali, Néolithique récent, Âge du Fer ancien, Économies de production*

## 1. INTRODUCTION

Recent archaeological research in Dogon Country (Mali) allowed defining a rich chronocultural reference framework for the Late Holocene period (2500-500 cal BC). This sequence covers the end of the Neolithic/Later Stone Age and the start of the Iron Age in this part of the continent, and highlights several important transitions whose understanding required considering the contemporaneous environmental, socio-economic and cultural context across West Africa. This research has been completed in the framework of a doctoral thesis, defended on July 1, 2011, in the Anthropology Unit of the Faculty of Sciences at the University of Geneva. Its objective has been to establish the chrono-cultural, economic and environmental context for the settlement of sub-Saharan West Africa during the Late Holocene.

Fieldwork was carried out in the framework of the international project "Human settlement and paleoenvironment in West Africa", coordinated by Prof. Eric Huysecom, director of the Laboratory "Archéologie et Peuplement de l'Afrique" (APA), attached to the Anthropology Unit at the University of Geneva. The program began in 1997 after the discovery of the Ounjougou site complex on the Bandiagara plateau in the Yamé Valley (Huysecom 2002). Research progressively expanded to other zones in the Dogon Country in 2005. Between 1997 and 2008, sites attributed to the Late Neolithic were then excavated not only at Ounjougou but also on the Bandiagara cliff and the Seno plain (Fig. 1). Fieldwork done at this regional scale has a dual importance. Work at Ounjougou has enabled proposal of a chronocultural reference framework extending from the Paleolithic to historical periods, for a zone for which the archaeological context was previously nearly unknown (Huysecom 2002; Huysecom *et al.* 2004, 2009; Robert *et al.* 2003; Rasse *et al.* 2004, 2006; Ozainne *et al.* 2009; Soriano *et al.* 2010; Tribolo *et al.* 2010). The Ounjougou site complex also constitutes an exceptional paleoenvironmental archive, even more valuable since the Dogon Country occupies a strategic position to address diachronic variation of vegetal landscapes and, as a result, climatic fluctuations. As a matter of fact, the region is situated at the interface of modern Sahelian and Sudanian zones, a limit that underwent significant latitudinal displacements throughout the Holocene. This study zone was thus seen as ideal to reconstruct the history of interactions between environment and human societies (Huysecom *et al.* 2004, 2009; Le Drezen 2008; Neumann *et al.* 2009; Le Drezen *et al.* 2010; Eichhorn *et al.* 2010; Lespez *et al.* 2011; Ozainne 2011, forthcoming; Eichhorn & Neumann forthcoming).

## 2. THE DOGON COUNTRY LATE HOLOCENE ARCHAEOLOGICAL SEQUENCE

Based on the archaeological, chronological and environmental data collected on the Bandiagara Plateau,

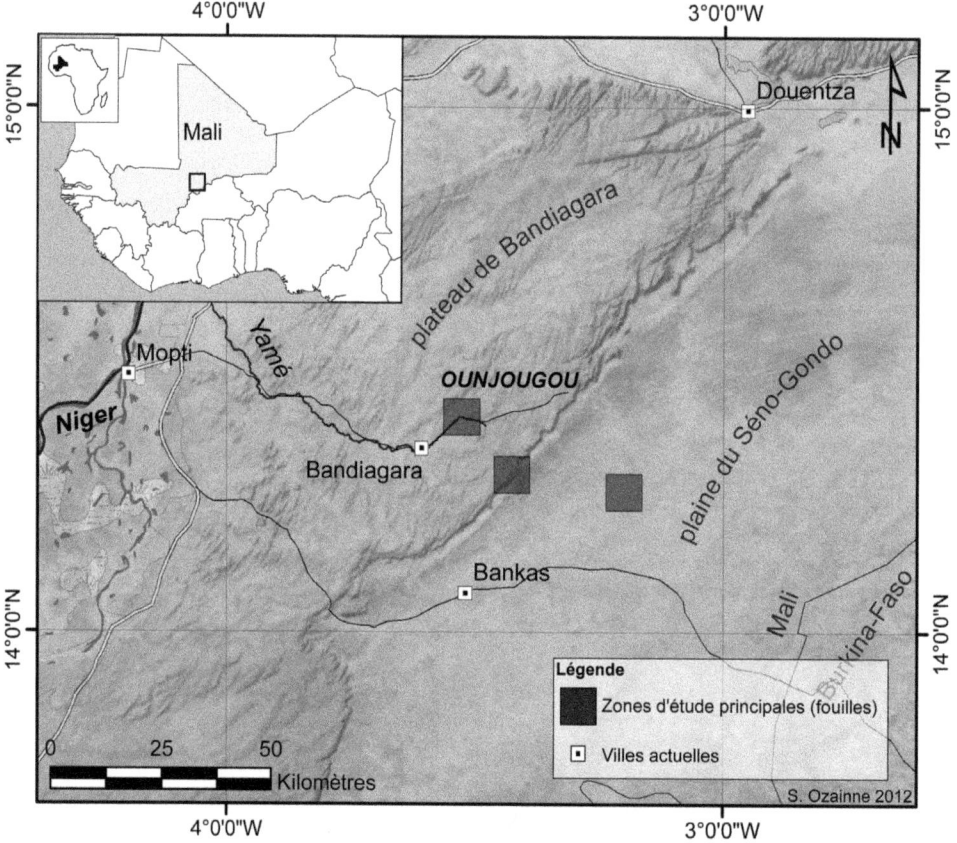

*Figure 1 – Dogon country and study area location map (Data: MODIS satellite and FAO)*

the cliff and the Séno Plain, the Dogon country Late Holocene sequence is divided into several principal settlement phases. Numbering of the phases builds on that of the overall Ounjougou Holocene sequence developed previously, in which the Late Holocene starts with phase 4 (Huysecom *et al.* 2004). The infrastructure of this model is based on a precise chrono-stratigraphy allowing a good diachronic view of different ceramic traditions. Geomorphological and archaeobotanical studies at Ounjougou have additionally enabled reconstruction of the main fluvial system and landscape evolutions. This very precise environmental context directly connected to the archaeological sequence allows not only understanding of the relationships between nature and human societies during the Late Neolithic in the Dogon Country, but also evaluating the regional impact of the main climatic events recorded at the scale of West Africa (Lespez *et al.* 2011).

The Late Holocene sequence starts with phase 4 (2600-2200 cal BC), corresponding to the Late Neolithic I (Fig. 2). Throughout this phase, pastoralist groups coming from the southern edge of the Sahara may have frequented the Yamé Valley during the dry season as part of their transhumance route, as is shown by the presence of large hemispheric recipients and rocking impressions (Huysecom *et al.* 2004; Ozainne *et al.* 2009; Ozainne 2011). The sequence shows then an important archaeological hiatus between 2200 and 1800 cal BC (Fig. 2). Possible abandonment of the Yamé Valley around the end of the 3rd millennium cal BC can thus be considered, as the climate underwent a brief arid episode at this time.

Phases 5a and 5b form the Late Neolithic II (Fig. 2). During phase 5a (1800-1400 cal BC), a farming population producing a new ceramic tradition settled in the Dogon Country, in a climatic context marked by a trend toward aridity but remaining wetter than today (Le Drezen 2008; Ozainne *et al.* 2009; Eichhorn & Neumann forthcoming). During phase 5a, numerous anthropogenic bushfires occur at the beginning and at the end of the dry season (Le Drezen 2008), and the cultivation of pearl millet is attested by 1800 cal BC (Ozainne *et al.* 2009; Eichhorn & Neumann forthcoming). The presence of a significant population establishing farming villages and hamlets in the Yamé Valley is confirmed during phase 5b (1300-800 cal BC). Artifacts and environmental data indicate the development of a production economy for which the impact on landscapes is certain, but it is difficult to separate climate-induced changes from those caused by the development of agriculture (Ozainne *et al.* 2009; Eichhorn & Neumann forthcoming). The lack of information on the practice of animal husbandry during the 2nd millennium cal BC at Ounjougou may be explained by the poor organic remains preservation conditions in the ferruginous sediments at the plateau sites.

During phase 6 (800-400 cal BC), which corresponds to a Neolithic/Iron Age transition period, occupation of the Yamé Valley appears to be less important, perhaps due to

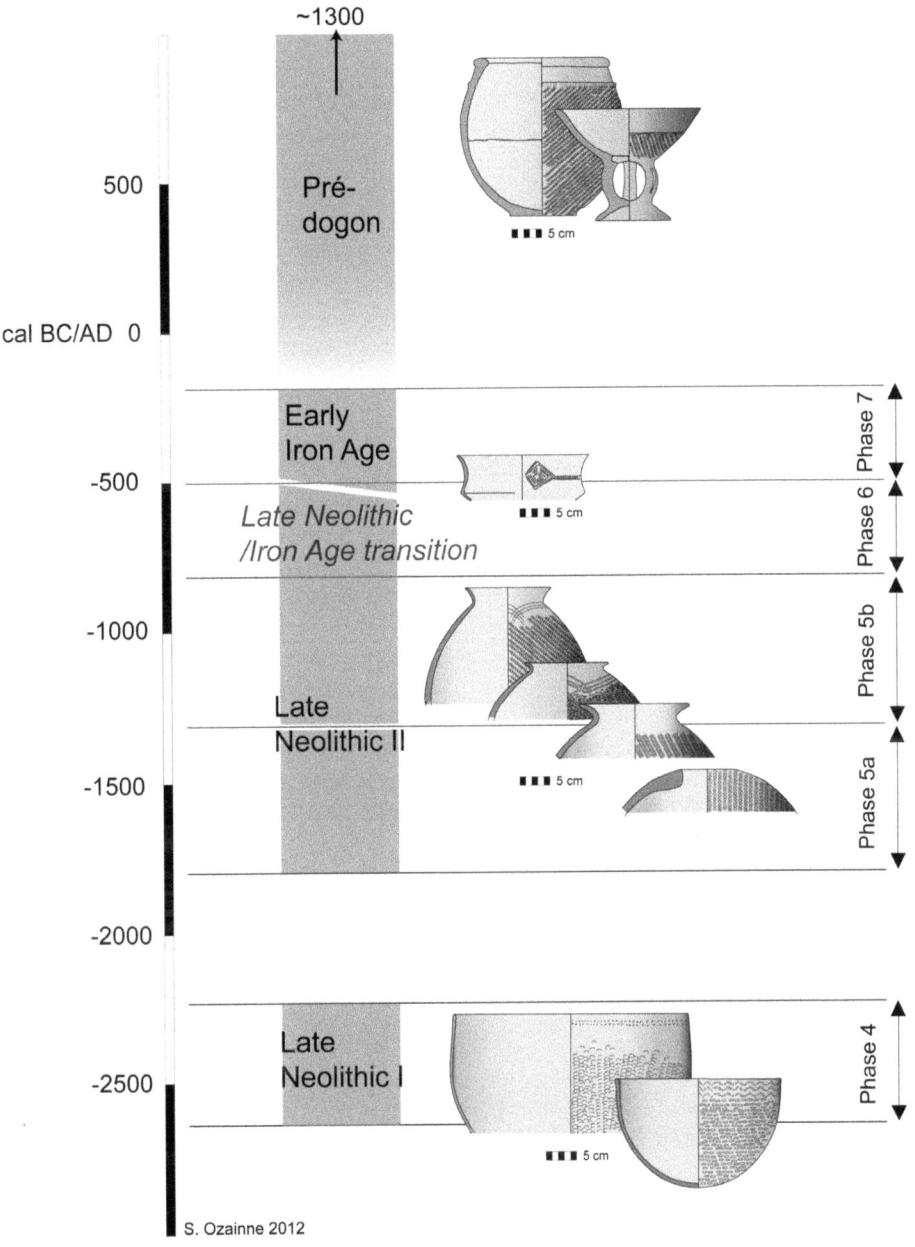

*Figure 2 – Chrono-cultural sequence for the Late Holocene of Dogon country*

new abrupt climatic changes (Fig. 2). During the dry season, now longer than before, the ponds of the Yamé valley are fully dried out, and anthropogenic fires are important both at the beginning and the end of the dry season (Le Drezen 2008). During this interval, new ceramic traditions, especially including carinated recipients and rolled decorations unknown on the plateau at any period, appear on the Séno Plain and the Bandiagara cliff zone (Ozainne 2011). The sequence ends with phase 7 (500-200 cal BC), which corresponds to the regional Early Iron Age. However, iron is evidenced only by fragments of objects and, so far, no data indicates ore smelting in the region during this period. Phase 7 shows also the emergence of radically new cultural elements, such as small wide carinated recipients, often polished and decorated with incised geometric motifs. Finally, the Pré-dogon period (Mayor 2011) starts between 200 cal BC and 200 cal AD (Fig. 2).

## 3. ENVIRONMENTAL AND ECONOMIC CONTEXT OF THE LATE HOLOCENE IN WEST AFRICA

The establishment of an environmental, economic and cultural context at the scale of West Africa is essential to understanding the cultural breaks and changes of the Dogon Country sequence. Bibliographic data indicate that major economic changes that took place in West Africa during the Late Holocene seems to coincide with certain climatic and environmental variations. After 3500 cal BC, the Saharan zones are progressively abandoned by pastoralists for other regions to the south now suitable for herding (Neumann 2003; Kuper et Kröpelin 2006). During the 3rd millennium cal BC, there is evidence of a progressive arrival of the first herders south of the Sahara as well as the appearance of the first domesticated plants around 2500 cal BC, both taking place in a context of increasing aridity (Smith 1974; MacDonald 1996; Ozainne *et al.* 2009; Manning *et al.* 2011). During the first half of the 2nd millenium cal BC, herding rapidly expands across nearly all of West Africa (Jousse 2004, 2006; Linseele 2007). After its emergence at the southern fringe of the Sahara around 2500 cal BC, cultivation of pearl millet (*Pennisetum glaucum*) rapidly spreads across all of West Africa between 2000 and 1000 cal BC, in a general context of increasing aridity (Neumann *et al.* 1996; Amblard 1996; D'Andrea *et al.* 2001; Neumann 2003; Ozainne *et al.* 2009; Manning *et al.* 2011; Eichhorn & Neumann forthcoming). From the 2nd millennium cal BC, it becomes then difficult to separate the effects of climate from human impact on the environment, the two factors affecting vegetal landscapes very likely being entwined in an interactive cycle: changes in climate lead to opening of the landscapes, making new territories accessible to pastoralists and/or agriculturalists, the latter in their turn inducing changes in the vegetation (Le Drezen 2008; Ozainne *et al.* 2009; Lespez *et al.* 2011; Eichhorn & Neumann forthcoming).

## 4. THE SAHARAN CULTURAL LEGACIES OF WEST AFRICA: A SCENARIO

On a millennial scale, the correlation between settlement phenomena and significant climatic or economic events may seem obvious, but it is much more complex to associate environmental variations with the spatial evolution of techno-cultural entities. A comparative analysis of the results of research in the Dogon Country and the published literature available for the same period at the scale of West Africa allowed establishing the existence of three main "cultural influences spheres" (Ozainne 2011, forthcoming). Those spheres were mainly defined through an analysis of the most significant ceramic variables of the corpus. Sphere 1 shows evident links with the central Saharan zones, while sphere 2 appears to be an original one developing in the Sahelian belt including nevertheless obvious Saharan heritage (Fig. 3).

Sphere 3 can be regarded as specific to the Sudanian zone, and also comprises clear Saharan influences (Fig. 3). The spatio-temporal behavior of these three spheres indicates that they may have been strongly correlated with the appearance and spread of food producing economies in West Africa (Fig. 3).

Between 3000 and 2500 cal BC, pastoralists from several distinct cultural spheres but visibly sharing common origins in the Central Sahara, reach the sub-Saharan zones (Fig. 3). This phenomenon seems clearly linked to the onset of arid conditions that affect the Sahara from the 4th millennium cal BC. Around 2500 cal BC, the Dogon Country is involved in the arrival of cultural traits indicating affinities with western Niger, but is still found in advance of the pastoralism front. However, the region may have already been frequented intermittently by pastoralist groups, during seasonal transhumance or scouting for new territories (Ozainne 2011, forthcoming).

Between 2500 and 2000 cal BC, the environment in the modern Sahelo-Sudanian band undergoes significant changes, opening new areas to pastoralists who progressed rapidly from northeast to southwest. At this time, the cultural spheres 1 and 3 seem to be associated with the spread of herding in Sub-saharian zones (Fig. 3). A very rapid corridor of penetration to the south appearing between 2250 and 2000 cal BC may thus explain the advent of Saharan cultural traits in the Sudanian zone, such as bifacial armatures and rocking comb decorations on the ceramics (Ozainne 2011, forthcoming). This northern heritage seems to be incorporated, however, in a cultural ambiance unique to the Sudanian zone developing from the end of the 3rd millennium cal BC. At the same time, the cultural sphere 2 rises at the Sahara/Sahel and appears to be linked to the first agricultural populations, is particularly characterized by the presence of pottery with narrow openings and roulette decorations (Fig. 3) (Smith 1974; MacDonald 1996; Manning 2010; MacDonald & Manning 2010).

The main cultural limits of the Late Neolithic were probably established between 2000 and 1500 cal BC synchronously with the rapid spread of agriculture through West Africa. To the south, the development of the Sudanian sphere may also have followed the expansion of the first farmers. Nonetheless, it remains difficult to isolate a local substrate linked to hunter-gatherer or proto-farmers populations. In Ghana but also in the Lake Chad basin, some ceramic traits such as carinated bowls and geometric or banded decorations may have had common origins in the central and eastern Sahara massifs, or even between the Ennedi and the Nile Valley (Stahl 1994; Watson 2005; Honegger 2006; Privati 2004; Jesse *et al.* 2004; Ozainne 2011, forthcoming). To the north, the Niger Bend experiences a complex cultural situation from the 2nd millennium cal BC, given its position at the intersection of the Saharan, Sahelian and Sudanian cultural influences. At the same time, the Dogon Country seems for its part mainly attached to the Sahelian cultural sphere (sphere 2) and is now in the area gained by agriculture.

After 1500 cal BC, a broad cultural current forms between southeast Mauritania and the Lake Chad basin (Fig. 3) (Ozainne 2011, forthcoming). At the same time, the area concerned by the Saharan cultural sphere (Fig. 3:1) moves slowly to the south and reaches the confines of the Sudanian domain, climatic deterioration generally making the north of the Sahel inhospitable to populations with an agro-pastoral economy. The situation for the southern regions, however, remains difficult to interpret given the lack of information available. However, the Sudanian and Sahelian cultural sphere seems to clearly accompany the expansion of agriculture to the east (Fig. 3). The Dogon Country is still comprised in the Sahelian sphere, and is confronted in the middle of the 2nd millennium cal BC with influences from the northwest, more specifically from the Méma, but also the Dhars Tichitt-Oualata region (MacDonald 1996; Gallin 2011; Ozainne 2011, forthcoming). It is thus involved in the major cultural west-east current described before.

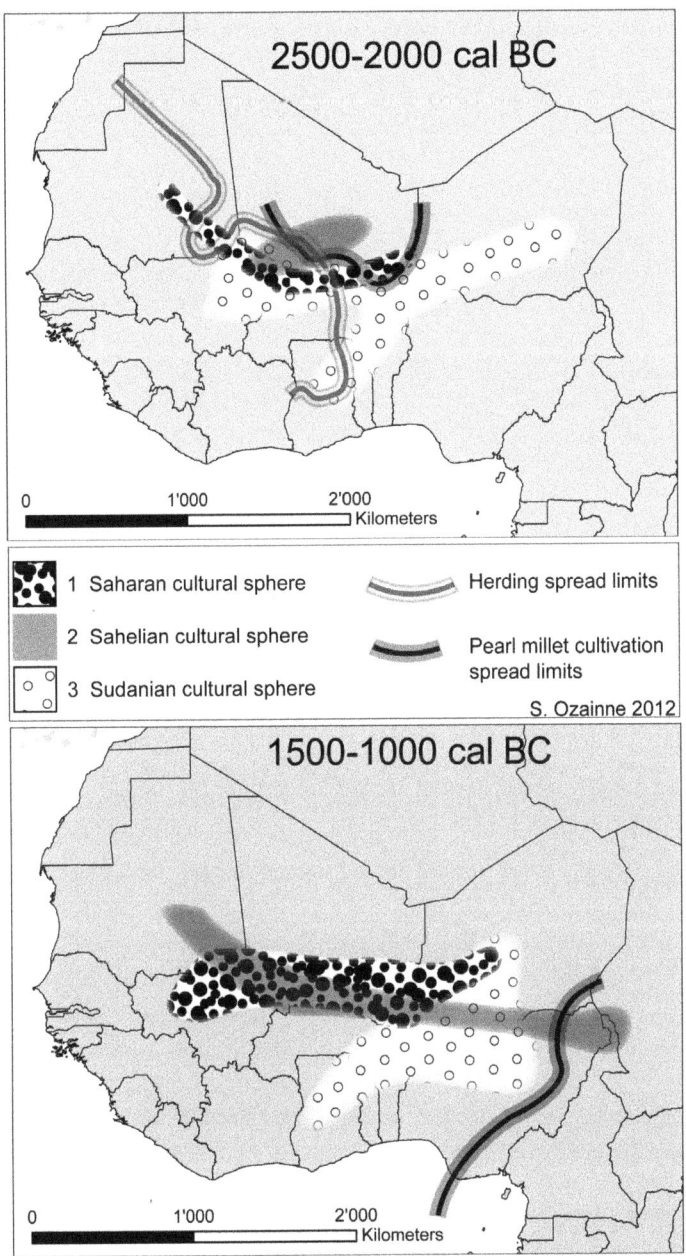

*Figure 3 – Key time intervalsmaps showing the links between food production spread and spatial evolution of the main cultural influence spheres during the Late Holocene in West Africa*

The start of the 1st millennium cal BC is marked by the onset of more arid climatic conditions. We still observe a pattern of displacement to the east by Sahelian and Sudanian cultural spheres. Simultaneously, an inverse phenomenon can be observed on the same axis, with the appearance in the Dogon Country of some ceramic characteristics pointing to earlier cultures of the Lake Chad basin (Ozainne 2011, forthcoming). This phenomenon remains to be confirmed, since related sites are rare. A new wave of migrations from the east-central area of the Sahara may also have occurred at the same time, as well as a spread of iron metallurgy between the Sahara and the Sahel. Data on metallurgy considered in this research, however, is insufficient to take part in the debate on the origins of iron and its possible invention south of the Sahara, the considered zone being too restricted to study this phenomenon. In the Dogon Country we observe for the last time evidence for the Sahelian cultural sphere (Fig. 3:2) on the Bandiagara Plateau, while new ceramic traits appear on the Inland Niger Delta. The Séno Plain is for its part characterized by a multiple cultural context, including a substrate of the Late Neolithic from the plateau onto which are grafted regional influences suggesting the Méma and southeast Gourma (MacDonald 1996; Gallin 2011). First evidence of iron in Dogon Country is recorded around 500 cal BC (Ozainne 2001, forthcoming).

The final centuries cal BC are characterized by little archaeological data. This final point is explained by a real lack of chronocultural data for this period, especially for the southern zone, as well as by the arbitrary chronological limit selected for this research. In the Dogon Country, only the Séno Plain and the cliff appear to still be occupied, with a cultural context close to that present between 1000 and 500 cal BC. The presence of an eastern component reflecting the arrival of groups from the Lake Chad basin remains to be supported, but we note troubling resemblances between the geometric decorations on the Séno Plain and those around Lake Chad, themselves recalling some decorations known in the Sudan (Wiesmüller 2003; Wendt 2007; Jesse *et al.* 2004). A few carinated and grooved recipients evoke also some pottery from the Copper Age in northern Niger (Grébenart 1985). Finally, discovery in the Dogon Country of a glass eye bead of Mediterranean origin raises the question of trans-Saharan contacts clearly prior to the Islamic period (Ozainne 2011, forthcoming).

## 5. CONCLUSION

Due to its geographical position at the borders of the current Sahelian and Sudanian zones, the Dogon country has efficiently recorded the major environmental, economic and cultural changes that have concerned sub-Saharan zones during the Late Holocene. The research presented here has thus enabled to demonstrate that during this period, West Africa underwent a series of coherently articulating techno-economic and cultural transitions characterized by strong Saharan influences, which were linked to several migration and/or diffusion phenomena. Finally, it is important to stress that the development of three major currents of cultural influence in the sub-Saharan zones of West Africa appears to be mainly underlain by the expansion of herding and agriculture.

**Acknowledgements**

This research has been completed thanks to funding from the FNS (Swiss National Science Foundation), the SLSA (Swiss-Liechtenstein Foundation of Archaeological Research Abroad) and the Faculty of Sciences of the University of Geneva, as well as the EDOCSA (Ecole doctorale romande en sciences de l'Antiquité). Research conducted in Mali in the framework of the international project "Human settlement and paleoenvironment in West Africa" benefited from the support of the Cultural Mission of Bandiagara, the Institute of Human Sciences in Bamako, the Departement of History and Archaeology of the University of Bamako, the Bureau of the Swiss Cooperation (DDC) in Bamako, as well as the help of the sinhabitants of the villages of Dimmbal, Gologou, Yawa and Béréli. I would also like to thank here especially Prof. Eric Huysecom and all my colleagues of the Ounjougou project.

**References**

AMBLARD, S. 1996. Agricultural evidence and its interpretation on the Dhars Tichitt and Oualata, south-eastern mauritania. In: Pwiti, G. & Soper, R. ed. – Aspects of African archaeology: Papers from the 10th Congress of the PanAfrican Association for Prehistory and Related Studies. Harare: University of Zimbabwe Publications. p. 421-427.

D'ANDREA, A.C.; KLEE, M. & CASEY, J. 2001. Archaeobotanical evidence for pearl millet (Pennisetum glaucum) in sub-Saharan West Africa. Antiquity. 75: 288, p. 341-348.

EICHHORN, B.; NEUMANN, K. & GARNIER, A. 2010. Seed phytoliths in West African Commelinaceae and their potential for palaeological studies. Palaeogeography, Palaeoclimatology, Palaeoecology. 298, p. 300-310.

EICHHORN, B. & NEUMANN, K. Forthcoming. Holocene vegetation change and land use at Ounjougou (Mali). In: Fuller, D.Q. & Murray, M.A. ed. – Flora, Past Cultures and Archaeobotany in Africa. Walnut Creek: Leftcoast Press.

GALLIN, A. 2011. Les styles céramiques de Kobadi: analyse comparative et implications chronoculturelles au Néolithique récent du Sahel malien. Frankfurt am Main: Africa Magna Verlag.

GRÉBÉNART, D. 1985. La région d'In-Gall-Tegidda-n-Tesemt (Niger): programme archéologique d'urgence 1977-1981, 2: le Néolithique final et les débuts de la métallurgie. Niamey: Institut de recherches en sciences humaines (Etudes nigériennes 49).

HONEGGER, M. 2006. La culture du Pré-Kerma de Haute-Nubie. ArchéoNil. 16, p. 77-84.

HUYSECOM, E. 2002. Palaeoenvironment and human population in West Africa: an international research project in Mali. Antiquity. 76, p. 335-336.

HUYSECOM, E.; OZAINNE, S.; RAELI, F.; BALLOUCHE, A.; RASSE, M. & STOKES, S. 2004. Ounjougou (Mali): A history of Holocene settlement at the southern edge of the Sahara. Antiquity. 78: 301, p. 579-593.

HUYSECOM, E.; RASSE, M.; LESPEZ, L.; NEUMANN, K.; FAHMY, A.; BALLOUCHE, A.; OZAINNE, S.; MAGGETTI, M.; TRIBOLO, C. & SORIANO, S. 2009. The emergence of pottery in Africa during the 10th millenium calBC: new evidence from Ounjougou (Mali). Antiquity. 83: 322, p. 905-917.

JESSE, F.; KRÖPELIN, S.; LANGE, M.; PÖLLATH, N. & BERKE, H. 2004. On the periphery of Kerma – The Handessi Horizon in Wadi Hariq, Northwestern Sudan. Journal of African Archaeology. 2:2, p. 123-164.

JOUSSE, H. 2004. A new contribution to the history of pastoralism in West Africa. Journal of African archaeology. 2: 2, p. 187-201.

JOUSSE, H. 2006. What is the impact of Holocene climatic changes on human societies? Analysis of Neolithic populations dietary customs. Quaternary International. 151:1, p. 63-73.

KUPER, R & KRÖPELIN, S. 2006. Climate controlled Holocene occupation in the Sahara: motor of Africa's evolution. Science. 313, p. 803-807.

LE DREZEN, Y. 2008. Dynamiques des paysages de la vallée du Yamé depuis 4000 ans. Contribution à la compréhension d'un géosystème soudano-sahélien (Ounjougou, Pays Dogon, Mali). PhD thesis. Caen: University of Caen Basse-Normandie.

LE DREZEN, Y.; LESPEZ, L.; RASSE, M.; GARNIER, A.; COUTARD, S.; HUYSECOM, E. & BALLOUCHE, A. 2010. Hydrosedimentary records and Holocene environmental dynamics in the Yamé Valley (Mali, Sudano-Sahelian West Africa). Comptes Rendus Geosciences. 342, p. 244-252.

LESPEZ, L.; LE DREZEN, Y.; GARNIER, A.; RASSE, M.; EICHHORN, B.; OZAINNE, S.; BALLOUCHE, A.; NEUMANN, K. & HUYSECOM, E. 2011. High-resolution fluvial records of Holocene environmental changes in the Sahel: the Yamé River at Ounjougou (Mali, West Africa). Quaternary Science reviews. 30: 5-6, p. 737-756.

LINSEELE, V. 2007. Archaeofaunal remains from the past 4000 years in Sahelian West Africa: domestic livestock, subsistence strategies and environmental changes. Oxford: BAR Publishing.

MACDONALD, K.C. 1996. Tichitt-Walata and the Middle-Niger: evidence for cultural contact in the second millenium BC. In: Pwiti, G. & Soper, R. ed. – Aspects of African archaeology: Papers from the 10th Congress of the PanAfrican Association for Prehistory and Related Studies. Harare: University of Zimbabwe Publications. p. 429-440.

MACDONALD, K. & MANNING, K. 2010. Cord wrapped roulette. In: Haour, A., [et. al.] – African pottery roulettes: past and present: techniques, identification and distribution. Oxford: Oxbow Books, p. 144-156.

MANNING, K. 2010. A developmental history for early West African agriculture. In: Allsworth-Jones, P. ed. – West African archaeology: new developments, new perspectives. BAR International Series. 2164. Oxford: BAR Publishing. p. 43-52.

MANNING, K.; PELLING, R.; HIGHAM, T.; SCHWENNIGER, J.-L. & FULLER, D.Q. 2011. 4500-Year old domesticated pearl millet (Pennisetum glaucum) from the Tilemsi Valley, Mali: new insights into an alternative cereal domestication pathway. Journal of Archaeological Science. 38: 2, p. 312-322.

MAYOR, A. 2011. Traditions céramiques dans la boucle du Niger: ethnoarchéologie et histoire du peuplement au temps des empires précoloniaux. Journal of African archaeology monograph series 3. Frankfurt am Main: Africa Magna Verlag.

NEUMANN, K. 2003. The late emergence of agriculture in Sub-Saharan Africa: Archaeological evidence and ecological considerations. In: Neumann, K.; Butler, A. & Kahlheber, S. ed. – Food, Fuel and Fields. Progress in African Archaeobotany. Africa Praehistorica 15. Köln: Heinrich-Barth-Institut. p. 71-92.

NEUMANN, K.; BALLOUCHE, A. & KLEE, M. 1996. The emergence of plant food in the West African Sahel: new evidence from North-East Nigeria and Northern Burkina Faso. In: Pwiti, G. & Soper, R. ed. – Aspects of African archaeology: Papers from the 10th Congress of the PanAfrican Association for Prehistory and Related Studies. Harare: University of Zimbabwe Publications.p. 441-448.

NEUMANN, K.; FAHMY, A.; LESPEZ, L.; BALLOUCHE, A. & HUYSECOM, E. 2009. The Early Holocene palaeoenvironment of Ounjougou (Mali): Phytoliths in a multiproxy context. Palaeogeography, Palaeoclimatology, Palaeoecology. 276, p. 87-106.

OZAINNE, S. 2011. Le peuplement d'Afrique de l'Ouest sub-saharienne entre 2500 et 500 av. J.-C.: cadre chrono-culturel, économique et environnemental de la fin du Néolithique en zone soudano-sahélienne. PhD thesis. Geneva: University of Geneva.

OZAINNE, S. forthcoming. Un Néolithique africain. Cadre chrono-culturel, économique et environnemental de l'Holocène récent du pays dogon (Mali). Journal of African archaeology monograph series. Frankfurt am Main: Africa Magna Verlag.

OZAINNE, S.; LESPEZ, L.; LE DREZEN, Y.; EICHHORN, B.; NEUMANN, K. & HUYSECOM, E. 2009. Developing a chronology integrating archaeological and environmental data from different contexts: the Late Holocene sequence of Ounjougou (Mali). Radiocarbon. 51: 2, p. 457-470.

PRIVATI, B. 2004. Kerma: classification de la céramique de la nécropole. In: Kendall, T. ed. – Proceedings of the IXth International Conference of Nubian Studies. Boston: Northeastern University, p. 145-156.

RASSE, M.; BALLOUCHE, A.; HUYSECOM, E.; TRIBOLO, C.; OZAINNE, S.; LE DREZEN, Y.; STOKES, S. & NEUMANN, K. 2006. Evolution géomorphologique, enregistrements sédimentaires et dynamiques paléoenvironnementales holocènes à Ounjougou (Plateau dogon, Mali, Afrique de l'Ouest). Quaternaire. 17: 1, p. 61-74.

RASSE, M.; SORIANO, S.; TRIBOLO, C.; STOKES, S. & HUYSECOM, E. 2004. La séquence pléistocène supérieur d'Ounjougou (Pays dogon, Afrique de l'Ouest): évolution géomorphologique, enregistrements sédimentaires et changements culturels. Quaternaire. 15: 4, p. 329-341.

ROBERT, A.; SORIANO, S.; RASSE, M.; STOKES, S. & HUYSECOM, E. 2003. First chrono-cultural reference framework for the West African Palaeolithic: new data from Ounjougou (Dogon Country, Mali). Journal of African Archaeology. 1: 2, p. 151-169.

SMITH, A.B. 1974. Preliminary report of excavations at Karkarichinkat, Mali, 1972. West African Journal of archaeology. 4, p. 33-56.

SORIANO, S.; RASSE, M.; TRIBOLO, C. & HUYSECOM, E. 2010. Ounjougou: a long Middle Stone Age sequence in the Dogon country (Mali). In: Allsworth-Jones, P. ed. – West African archaeology: new developments, new perspectives. BAR

International Series. 2164. Oxford: BAR Publishing, p. 1-14.

STAHL, A.B. 1994. Innovation, diffusion, and culture contact: the holocene archaeology of Ghana. Journal of world prehistory. 8: 1, p. 51-112.

TRIBOLO, C.; MERCIER, N.; RASSE, M.; SORIANO, S. & HUYSECOM, E. 2010. Kobo 1 and L'abri aux Vaches (Mali, West Africa): Two case studies for the optical dating of bioturbated sediments. Quaternary Geochronology. 5, p. 317-323.

WATSON, D.J. 2005. Under the rocks: reconsidering the origins of the Kintampo tradition and the development of food production in the savanna-forest/forest of West Africa. Journal of African archaeology. 3: 1, p. 3-55.

WENDT, K.-P. 2007. Gajiganna. Analysis of Stratigraphies and Pottery of a Final Stone Age Culture of Northeast Nigeria. Journal of African Archaeology Monograph Series 1. Frankfurt-am-Main: Africa Magna Verlag.

WIESMÜLLER, B. 2003. Late Stone Age and Iron Age settlement mounds in the Firki plains south of Lake Chad. Nyame Akuma: a newsletter of African archaeology. 60, p. 20-26.

# THE ROCK ART OF ANGOLA WITHIN ITS CONTEXT

Cristina Pombares MARTINS

Master in Prehistoric Archaeology and Rock Art/ Master *Erasmus Mundus* "Quaternary and Prehistory"
(UTAD/IPT/URV/UNIFE/MNHN)
Associate researcher of the "Quaternary and Prehistory" Group, Geosciences Center
(uID73 – Foundation Science and Technology), Portugal
PhD Candidate in "Quaternary, Materials and Cultures" (UTAD, Portugal)
FCT Scholarship (Project SFRH/BD/74567/2010)
crisaugst@gmail.com

**Abstract**: *Africa has a wide variety and quantity of rock art, including some of the world's oldest clusters. A summary approach to some African rock art sites, will allow us to understanding some contexts of African rock art, with a particular focus on the Rock Art of Angola. There are no sufficient studies about Angola to allow us to establish a chronological comparison between this and other African countries. However, as far as we know, it is possible to consider some similarities and outline certain differences.*

**Keywords**: *Africa, Angola, Rock Art*

**Resumé**: *L'Afrique a une grande variété et quantité de l'art rupestre, dont certaines séries des plus anciennes connues dans le monde. Une approche de synthèse des quelques sites d'art rupestre d'Afrique va permettre comprendre certains des contextes de l'art rupestre africain, avec un accent particulier sur l'art rupestre de l'Angola. En ce qui concerne l'Angola il n'y a pas études suffisantes pour établir une comparaison chronologique entre ceci et d'autres pays africains. Cependant, ce qui est connu, il est possible d'évaluer les similitudes et aperçu certaines différences.*

**Mots-clés**: *Afrique, Angola, Art rupestre*

## 1. INTRODUCTION

Africa has a wide variety and quantity of rock art, including some sets of the world's oldest known until now, but there is still much to reveal.

We can divide Africa into three major sections: North, Central and South, because the distinctive features of the physical environment, but also by the action and the interaction of humans and the landscape. In this context, we are interested in a particular kind of human expression: the rock art. We will do a summary approach to some sites, with a particular focus on Angola.

There aren't studies which establish a chronological comparison between Angola and other African countries. However, from what is known, it is possible to suggest some similarities and sketching some differences.

It is imperative to retake a systematic archaeological research in Angola, not only to increase the scientific knowledge, but also to ensure the preservation and conservation of heritage as fragile as the rock art is.

## 2. AFRICAN ROCK ART

Almost all African countries have rock art, although in different quantities far as we know today. The highest concentrations are located in the north and south of the continent, with different techniques and chronologies.

In North Africa, we find one of the richest concentrations of rock art in the Sahara. In this region we highlight places like "Cave of Swimmers", Gilf Kebir (Egypt); Tibesti, (Chad); Mesak Settafet and Tadrart Acacus (Libya); Tassili n'Ajjer, South Oran, Djelfa and Ahaggar (Algeria); Draa River and Figuig (Morocco); Aïr Mountains (Niger).

The beginning of the 20th century marks the growth of the study and recording of rock art in the Sahara. It is not our intention to make a detailed description of the sites, since such issues are treated in numerous works of researchers who have devoted their research to this subject as Lhote, Mori, Kuper, Strieder, Muzzolini, Smith. Here we only want highlighting some aspects of the art of this region, or correlated with it.

If on one hand the age of the paintings and engravings of Sahara remains the subject of debate among experts, on the other hand, all agree that these are testimonies of climate change, from a time when the Sahara was green to the current drought and are indicators of the life's evolution and richness of the symbolic world of the people who passed here. However, these changes do not mean that there was an abrupt ending of human activity in the Sahara, "for example, the Wadi Tanezzuft, had abundant water and fed several lakes along its course. Pastoral communities intensively occupied it during the mid-Holocene" (Burrougs, 2005: 231).

The classifications proposed for the rock art of this area, by many researchers are not unanimous, first because it is a vast region, with different specificities, then because to put the rock art into a chronological table, it must be considered a series of complex data whose interconnection should try to be established, as are other archaeological data, paleobotanical, paleozoologic data and regional specificities (which does not always happen).

Around 2000 BC began a process of desertification, caused by drastic climatic changes that originated a greater demographic pressure on certain areas, freeing others. Man becomes more important, so the human figures began to play a central role in the art of this region.

The oldest dates correspond to the Acacus, Libya. According to available data, they back to the late Pleistocene, 12,000 years, in a style that is repeated in the Tassili N'Ajjer, in Algeria and Ennedi, Chad (Anati, 2003: 148), but recently (2011) also in North Africa, in Qurta, in Upper Egypt, an Optically Stimulated Luminescence dating indicated an age of 15,000 years to the vast open air complex of rock art (engravings, mostly wild bulls) from the Upper Paleolithic, along the Nile (Huyge et al. 2011).

In Central Africa, although most of the countries have rock art, it not in the same concentrations of the north and south of the continent. So far, Tanzania has more data than other countries in this area (Kenya, Uganda, Ethiopia, Central African Republic, Democratic Republic of Congo, Republic of Congo and Gabon). The best known sites are in Kondoa and Singida, with some stylistic parallels with paintings of southern Africa. Naturalistic representations of animals and stylized human are the most common depictions. "The naturalistic art tradition did not continue here into such recent times as it did in southern Africa, and its interpretation is more problematic. However, certain features, such as the frequency of eland representations, are common to both areas, but it should not be assumed that the belief-systems and practices of the southern African San were ubiquitous in what is now Tanzania" (Philipson, 2005: 127).

The later depictions include people and animals apparently involved in domestic and hunting scenes. The engravings are rare and correspond to a later period (Anati, 2003: 134).

The central region of Africa, yet little studied, is marked by many differences. If in some places the population does not recognize the meaning of rock art (Central African Republic), in others we can find the descendants of their authors (Tanzania). It is important to develop studies in order to understand the cultural dynamics of this region, what kind of repercussions they had in others areas and try to establish a chronological table about rock art.

In South Africa is another large and diverse concentration of rock art (Angola, Botswana, Lesotho, Malawi, Mozambique, Namibia, South Africa, Swaziland, Zambia and Zimbabwe).

Stylistic sequences and overlapping were taken into account to date the South African rock art (e.g. Willcox, Rudner and Rudner), however, Vinnicombe considered them inconsistent and Leroi-Gourhan argued that, sometimes, overlaps could be deliberate, so the association of several of them does not necessarily mean a lapse of time; a change of style could also not mean an ethnic or generational change (Masao, 1976: 422).

In Matobo Hills, Zimbabwe, we find one of the largest concentrations of rock art in South Africa. The earliest paintings (naturalistic interpretation of people, animals and trees) are associated with hunting and gathering and most were painted with red ocher. The later paintings and some engravings with mainly geometric and schematic depictions are attributed to farmers (Philipson, 2005: 267).

The oldest dating of rock art comes from Namibia, from the Apollo 11 Cave, where seven slabs of rock with traces of naturalistic paintings of animal figures were found on several levels, which the oldest was dated at about 28,000 years (Wendt, 1976).

Others stones, incised stones, were found in Wonderwerk Cave, Cape Province, South Africa, with geometric line designs and representations of animals, on various levels, which the oldest dating about 10,000 years (Thackeray et al. 1981: 64-67), so they are among the earliest recorded African stone engravings.

But back to Namibia, there is the Brandberg Mountain with more than 1,000 rock art's shelters; one of the most famous is the Maack shelter with the "White Lady", a more detailed image of a group of several others which are totally white or black. Erroneously called "White Lady" because it is not white (shows only the arms and legs painted in white), neither woman, possessing masculine attributes (Willcox, 1963: 44); because this figure has a bow in one hand and some oryxes appear on the panel, many people argue that is a hunting scene; but, one of these antelopes has human legs so it can symbolize a connection to shamanism, making the significance of the panel complex and promoting various interpretations over the years. However, lately, there is a certainty among researchers: it is art of the San.

Also in Namibia, on Twyfelfontein there is a huge concentration of engravings, representing rhinos, elephants, giraffes, ostriches and footprints of animals and humans (Ouzman, 2002). Six shelters painted with depictions of human figures also appear to be associated with the San communities.

Tsodilo Hills, in Botswana known as the "Louvre of the Desert", because it presents 4500 paintings in 10 square kilometers, in red and white animals, humans and scenes of trance dances, representing the both lifestyle of hunter-gatherers and farmers (who also worked the metal) from the 7th century until the 12th century AD (Reid, 2005: 361).

In uKhahlamba/Drakensberg Park in South Africa in many caves and shelters we find one of the largest concentrations of paintings by the San, over the past 4000 years, representing, again, fauna, people and spiritual aspects of these people's life (UNESCO-ICOMOS, 2009: 18). Archaeological sites of Early, Middle and Late Stone Ages and the Late Iron Age indicate the long human occupation of this mountain region.

In the shelter of Game Pass, uKhahlamba/Drakensberg Park, paintings of elands and human figures are well preserved. It was the intensive analysis of these images that led investigators to the conclusion that it was a system of metaphors deeply associated with the San shamanic religion. Since the moment that this metaphor has been identified on this site, it opened a new perspective to the study of the art in this part of Africa – "Metaphors of trance experience are thought to have constituted the structure that constrained shaman artists and their symbolic work" (Dowson, 1998: 334).

For Lewis-Williams, although some of the paintings may have been made outside of ritual contexts, dance and art were essentially religious activities (Cooke *et al.* 1983: 541). This researcher and others like Patricia Vinnicombe, Thomas Dowson, Sven Ouzman, and Anne Solomon considered the ethnographic record to the study of rock art in this part of Africa. However, here, there are not just the San's art from naturalistic character and aesthetically very appealing; we also find manifestations from pastoralists Khoi-Khoi and Bantu farmers groups, with predominance of schematic art, semi-naturalistic and geometric.

Before ending this general approach to the African rock art, we cannot forget two sites. One, the Blombos Cave in South Africa, where they appeared sophisticated tools, as well as beads made of perforated snail shells and two pieces of ochre decorated with geometric patterns, dating to 77,000 years, first, by thermoluminescence (Henshilwood *et al.* 2002: 1278-1280) and, than, by optically stimulated luminescence.

The other site, Pinnacle Point, also in South Africa, where they were found pieces of ochre scraped and other crushed to create a fine powder, similar to ocher found in this same place, in deposits dating from 110,000 years (Marean, 2010).

These two sites invite, at least, to one reflection with implications for the rock art: are these the first evidence of symbolic behavior?

Although the antiquity of the art in Africa can go back in time to a very remote period, most art that we see today is, however, much more recent. In Tanzania, Malawi and Zimbabwe, for example, sites with rock art are still frequented by current populations and are considered places of devotion or sacred.

Many of these Africans sites are World Heritage sites, classification that helps in the preservation and conservation because of the criteria requirement imposed by UNESCO for maintenance of the title; others sites are in danger of disappearing every day that passes, especially those from whom little or nothing is known.

## 3. ROCK ART OF ANGOLA

In Angola, the first archeological research dating back to the 19th century. In 1818, appears the first publication of a rock art site in the work *Narrative of expedition to explore the river Zaire usually called the congo in South Africa*, by J.C. Tuckey.

In the 20th Century, archaeological research is marked by the work of researchers like José Redinha, Camarate França, António de Almeida, Henri Breuil, Desmond Clark, Santos Júnior, Carlos Ervedosa, Miguel Ramos, Oliveira Jorge and Manuel Gutierrez.

The map that we have now about the distribution of rock art sites in Angola shows a concentration North/South, in a band sensibly coast and another in the east (Fig. 1). This distribution corresponds to areas most intensely exploited in archaeological terms, either because they had easier access, either because they were located near urban centers. In the case of Lunda, this area was extensively explored due to the work of the Diamond Company which operated in the region. In relation to the Southeast zone the information is almost nonexistent.

Until today, however, the study of rock art did not follow any continued or systematic research program and was, mostly, marked by inadequate methodologies (e.g. partial records, absence of an overall vision, lack of information about the location of the panels/figures in shelter/outcrop and how they relate to each other). Only in the 90s, with a more rigorous methodology, Manuel Gutierrez begins to change this.

In Angola, rock art stations of different ages and cultures reflect different modes of expression, but we are still far from known the real magnitude of this art in the country. Faced with the impossibility of covering all rock art sites in this article and because we have done that in other work (Martins, 2008), we will just mention only some that allow to exemplify the rock art of Angola.

In the North, the Pedra do Feitiço, near the Zaire River, was the first station in Angola identified, described in the work of Tuckey above referenced, with modeled figures in the rock; some of these figures are difficult to understand, others are easily identifiable, although, may have a complex meaning, for example, the palanquins are eventually related to the power, prestige, authority (Gutierrez, 1996:233). Figurations of this type also appearing in the engravings covers of Cabinda (Serrano, 1993) and in the drawings on the sand (Fontinha, 1983). Today it is unknown the exact location of this big outcrop of Pedra do Feitiço.

Engravings appear in the East and Southwestern Angola, in open air rocky outcrops. In the East, the sites of

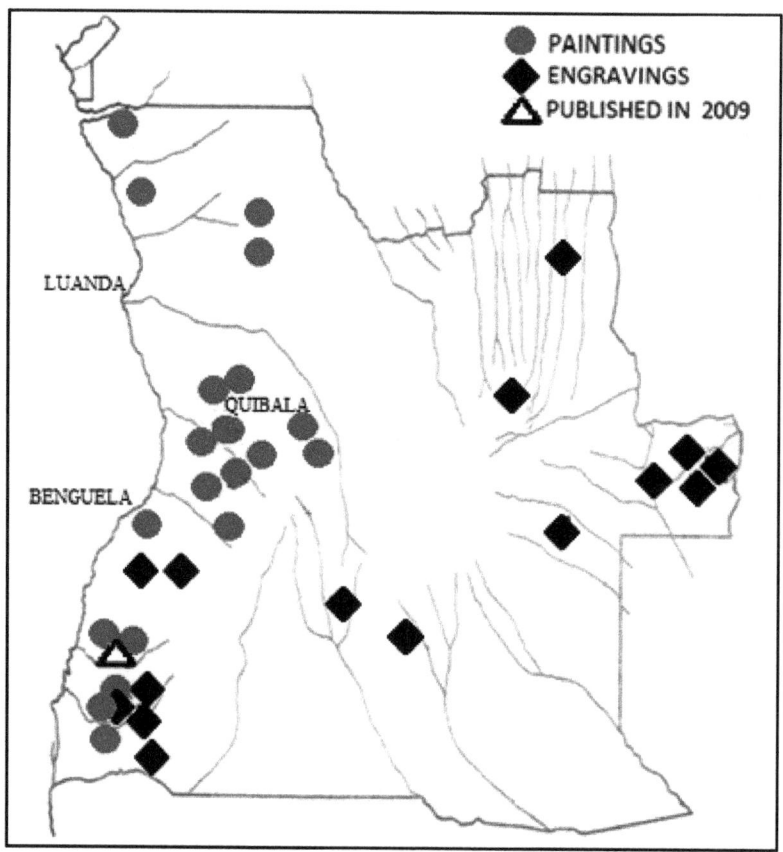

*Figure 1 – Map with Angola's rock art sites (Adap. from Ervedosa, 1980)*

Bambala, Capelo and Calola present predominantly geometric figurations (braiding, isolated circles or connected by lines, circular and linear shapes). This region is characterized by "great plains with a kind of rocky crust of earthy color and rough surface, whose texture is similar to the laterite" (Ervedosa, 1980:244). According to Redinha, it appears to be a "stylistic" similarity and, probably, in terms of significance, between the engravings, drawings in the sand (representing animals, objects, stories and values that are intended to convey) and Lunda's tattoos (Redinha, 1948: 74).

The engravings of the Tchipòpilo, in the southwest, are incised in horizontal slabs of granite, representing iron tools and farm implements, human foot marks, animal tracks and a large percentage of non-deciphered figures (points, figures with form of letters, lines, traces). Many of these objects appear to be linked to the prestige and power (Almeida & Breuil, 1964: 172).

Monte Negro, in the south extreme of Angola, is another site with engravings; even though the large number of geometric figurations, the zoomorphic seem to occupy a prominent place (Fig. 2). There is only one anthropomorphic figure and several marks of hands and human foot and animal tracks. Miguel Ramos who studied this site makes no reference about the region's geology, mentioning only that the engravings appear in a "rocky surface in the open air" (Ramos, 1979: 11).

*Figure 2 – Engravings from Monte Negro. Source: Ramos (1979)*

Concerning the paintings, they present very diverse compositions in rock-shelters, geologically diverse (e.g. limestone-Quissádi; granite-Tchitundo-hulo), with schematic figuration, semi-naturalistic representations and many of geometric nature.

The weapons are preferably represented painted, even they have African origin (e.g. Caninguiri), or if they have European origin, such as rifles (e.g. Ndelambiri). These weapons are associated with zoomorphic in probable hunting scenes (e.g. Quissanga,) as some others are associated with others anthropomorphic figures in potential war scenes (e.g. Cambambi) (Ervedosa, 1980).

The compositions are so different that sometimes we find in the same site anthropomorphic and zoomorphic representations but without any apparent connection (e.g. Cambambi); in other cases they are linked, but with a predominance of anthropomorphic (e.g. Galanga); elsewhere still prevail the zoomorphic figures and there are few anthropomorphic (e.g. Macahama) or there are only zoomorphic figures (e.g. Haï) (Gutierrez, 2009).

In the paintings are represented scenes from everyday life (grinding grain in the mortar, smoking pipe, etc.), depiction of people and hunt's transportation (e.g. shelters Ebo – Fig. 3) or even of a sexual nature (e.g. Pedra Quinhengo).

*Figure 3 – Ndelambiri's paintings. Photo: Esteves (from Mila Simões de Abreu's Archive)*

Should be noted that abound the geometric shapes painted in many places (e.g. Quissádi, Tchitundo-Hulo, Caiombo) and the phytomorphic representations are rare (Cambambi – Gutierrez, 1996: 93; Kenguera I – Gutierrez, 2009: 47).

In the southwest, the Tchitundo-hulo is an important complex that differs from other sites because it presents both engravings (open air), and paintings (in shelter), with a predominance of geometric figurations; it has been the subject of several studies (França, Breuil, Almeida, Santos Júnior, Ervedosa, Gutierrez).

The inventory prepared by Gutierrez (1996:160) showed that the most used tonalities in rock art of Angola are white, red, black, orange and gray. The colors are used alone or in various combinations. It is interesting to note that in red/ red brick appear lots of "symbols" or "signs do not deciphered" (e.g. Pedra Quissanje – Gutierrez, 1996: 160; Cumbira – Ervedosa, 1980: 278).

The physical-chemical analysis of pigments of Tchitundo-hulo's caves shows that they are of many different types. The black color was obtained from charcoal; red from hematite and red quartz; white, at one time unknown, may be magnesium carbonate; the yellow color from ocher. A variety of white presents calcium, phosphorus and a little magnesium, which corresponds to the composition of ivory. This is very interesting because the red quartz is rare and the use of crushed ivory seems to be unique (Gutierrez, 1996: 187-189).

About the mobile art in Angola, until today we know only two objects: first, the Luxilo's Stone studied by Jean Janmart. It is a bored stone in schist, with engravings of geometric type on one side, found in Lunda, in 1944, with uncertain stratigraphy. The other is a wood fragment of a zoomorphic sculpture (perhaps a zebra), found in an excavation in the Congo Basin (Gutierrez, 1996: 172).

In relation to the chronology of Angola's rock art, we have few data of relative and absolute dating. Look upon the relative dating, considered as markers the representations of objects from European origin (e.g. rifles, only after 1500) and the representations of metal objects, which indicate the existence of metallurgy, known in this part of Africa around the second half of I millennium of our era (Jorge, 1974: 166).

Gutierrez took a sample of the paintings from Opeleva's cave and sent it to the laboratory of Professor Marvin Rowe, in Texas, for Carbon 14 dating. The result was that these paintings are from the beginning of our era. This author (Gutierrez, 1996: 192) prepared a proposal for the relative dating of rock art of Angola based in those three criteria (the representation of objects from European origin, the figuration of metal objects and the dating of the pigments), considering that with earlier chronology than the Opeleva maybe the Caninguiri's paintings, because they do not present any evidence of objects from European origin and the fact that the oldest paintings with figuration obtained by lines and dots (fingerprints) are under others considered from the Iron Age with, for example, axes representations (Ervedosa, 1980:267).

Chronologically more recent than Opeleva would be others sites. Tchipòpilo shows objects in metal, so it is not earlier than the I millennium of our era. Other sites with representations of European's objects could not be previous to 1500 (e.g. Pedra do Feitiço, Galanga). However, it is only an essay, so we need more data to come up with precise chronologies for almost all sites.

## 4. THE ROCK ART OF ANGOLA WITHIN ITS CONTEXT-SOME REFLECTIONS

Lack studies to understand the rock art of Angola and subsequently to establish a chronological comparison with other African countries, contextualizing it.

Despite that gap, there are cases in which apparent similarities (reinforce the "apparent" for the few work that exists) should deserve further attention in future research. For example, the engravings circles of Elarmekora, in Gabon (Oslisly, 1988) and the circles from Calola (Fig. 4), in the Upper Zambezi, in Angola (Redinha, 1948); the engravings of different animal tracks and human foot of Twyfelfontein, in Namibia (Ouzman, 2002) and these same type of figuration on Tchipòpilo, in Angola (Ervedosa, 1980); the zoomorphic paintings of Macahama (those that appear on white) (Fig. 5) and Majole (where dominated the white painted elephants), in Angola (Gutierrez, 2009) and Mguguno, Singida, in Tanzania, where there are several zoomorphic figures with semi-naturalistic silhouettes, also in white (Masao, 1976: 486); the paintings of Dedza or Mwana Wa Chentchere I, in Chongoni, Malawi (Reynolds, 2007:58) and Cumbira, in Angola, (Martins, 2011; Oosterbeek, 2011) which appear white anthropomorphic figures, sometimes with zoomorphic features or associated with objects.

*Figure 4 – Calola's engravings.*
*Source: Redinha (1948)*

*Figure 5 – Macahama's paintings.*
*Source: Gutierrez (2009)*

This does not mean that the rock art of these sites corresponding in authorship and chronology, but, at least, one reflection is required if we find similar iconography, in an area so vast and so little known.

In south-central Africa there are the so-called "Late white paintings" made by farming metallurgist's communities, overlapping, normally, the earliest paintings, from other groups (e.g. San). There is a transition from red paintings to these white paintings which appear anthropomorphic and zoomorphic figures, representations of metal tools (Philipson, 2005: 321 e 324) in what seems to have been a gradual process in several countries such as Zambia, Zimbabwe, Tanzania (Masao, 1976: 435).

Can the large number and variety of the white paintings found in Angola be part of these "Late white paintings"? For example on Kenguera I, in Namibe Province, we have the same sequence that goes from one phase of red paintings, to another in white (Gutierrez, 2009:47), but it is a hypothesis to be confirmed.

If North and South of the continent are marked by three-dimensional paintings, polychrome, dynamic compositions, very detailed zoomorphic figures, including engravings, in Angola there are not such features in rock art, however, this art is not fewer relevant or deserve less attention.

## 5. CONCLUSION

From what was said, we can deduce that the authors of the rock art in Angola were different, with different perception and diverse artistic creation over time, but there are few studies that can assess with certainty the authorship of these works and contextualize them.

For the specific study of rock art in Angola, there are some important contributions, as the existence of traditional societies, or societies that existed before the colonial period, in which the oral tradition, passed from generation to generation and continues to play an important role. This information could help to interpret many of the metaphors and symbols found in art.

There are also other contributions that can be used in the study of rock art, as the case of engravings covers of Cabinda (the use of several symbols that can compose a message, transmit laws and concepts of the community in which they operate), tattoos, drawings in the sand.

The fragility of the paintings, the easy access, the proximity of the villages become the sites vulnerable, so the protection and conservation of sites with rock art are urgent in Angola.

It is important, therefore, proceed with the investigation of rock art in Angola, with the detailed study of the various sites, supported by contributions from the ethnographic record, dealing with the research carried out in other countries, with the ultimate goal the macro context – the African continent – because only like this we can build a valid model of interpretation, which recognize and clarify the expansion of different human groups, over time, in Africa.

**Aknowledgement**

This research has been sponsored by the Portuguese State, through "FCT – Fundação para a Ciência e a Tecnologia" (Foundation for Science and Technology) within project (SFRH/BD/74567/2010).

# References

ALMEIDA, A.; BREUIL, H. 1964. Das gravuras e das pinturas rupestres do deserto de Moçâmedes (Angola). Lisboa: *Memórias da Junta de Investigações do Ultramar.* 50, p. 165-175.

ANATI, E. 2003. *Aux origines de l'art.* Paris: Fayard. 507 p.

BURROUGHS, J. 2005. *Climate Change in Prehistory, The End of the Reign of Chaos.* Cambridge: Cambridge University Press. 356 p.

COOKE, C.; WILLCOX, A.; LEWIS-WILLIAMS, D. 1983. More on San Rock Art. *Current Anthropology.* Chicago: Chicago University Press. 24:1, p. 538-545.

DOWSON, T. 1998. Like people in prehistory. *World Archaeology.* Taylor & Francis [Online]. London. 29:3, p. 333-343. [Consult.27Aug.2011]. Available in WWW:_URL: http://www.tandfonline.com/doi/abs/10.1080/00438243.1998.9980383.

ERVEDOSA, C. 1980. *Arqueologia Angolana.* Lisboa: Edições 70. 446 p.

FONTINHA, M. 1983. Desenhos na Areia dos Quiocos do nordeste de Angola. *Estudos, ensaios e documentos / Instituto de Investigação Científica Tropical da Junta de Investigações Científicas do Ultramar.* Lisboa. 143, p. 21-305.

GUTIERREZ, M. 1996. *L'Art Pariétal de l'Angola.* Paris: L'Harmattan. 318 p.

GUTIERREZ, M. 2009. *Art Rupestre En Angola; Province De Namibe.* Saint-Maur-des-Fossés: Sepia. 153 p.

HENSHILWOOD, C. et al. 2002. Emergence of Modern Human Behavior: Middle Stone Age Engravings from South Africa. *Science.* [Online]. 295: 5558, p. 1278-1280. [Consult.7Jul.2011]. Available in WWW:_URL: http://www.sciencemag.org/content/295/5558/1278.

HUYGE, D.; VANDENBERGHE, D.; DE DAPPER, M.; MEES, F.; CLAES, W.; DARNELL, J. 2001. First evidence of Pleistocene rock art in North Africa: securing the age of the Qurta petroglyphs (Egypt) through OSL dating. In Carver, M. (ed.). *Antiquity.* 85: 330, p. 1184-1193.

JORGE, V.O. 1974. Breve introdução à Pré-história de Angola. *Revista de Guimarães.* Guimarães. 84, p. 149-170.

LEWIS-WILLIAMS, D.; DOWSON, T.; DEACON J. 1993. Rock art and changing perceptions of southern Africa's past: Ezeljagdspoort reviewed. *Antiquity.* 67, p. 273-291.

MAREAN, C. 2010. Quando o mar salvou a Humanidade. *Scientific American* (Brasil). [Online]. 303:2. [Consult.14Jul.2011]. Available in WWW:_URL: http://www2.uol.com.br/sciam/reportagens/quando_o_mar_salvou_a_humanidade_4.html.

MARTINS, C. 2008. *Arte Rupestre de Angola, um contributo para o seu estudo numa abordagem à Arqueologia do Território.* Master's Thesis in Prehistoric Archaeology and Rock Art, by Instituto Politécnico de Tomar/Universidade de Trás-os-Montes e Alto Douro (Portugal). 236 p.

MARTINS, C. 2011. Território, comunidades tradicionais e arte rupestre da região do Ebo (Angola). *Actas das IV Jornadas de Jovens em Investigação Arqueológica (JIA 2011).* Algarve: Universidade do Algarve (in press).

MASAO, F. 1976. *The Later Stone Age and the rock paintings of Central Tanzania.* PhD Dissertation. Simon Fraser University. 499 p.

OOSTERBEEK, L. 2011. Arte Rupestre, Paisagem e Identidade na arte rupestre de Angola: Namibe e Ebo. In Oosterbeek, L.; Nash, G.; eds. – *Landscape Within Rock Art.* Tomar: CEIPHAR. Série Arkeos, 29. p. 23-33.

OSLISLY, R. 1988. Gravures rupestres au Gabon: les pétroglyphes d'Elarmekora. *L'anthropologie.* Paris. 92: 1, p. 373-374.

OUZMAN, S. 2002. *Twyfelfontein Site Report.* Report. for the National Monuments Council of Namibia. [Online]. [Consult.13Jul.2011]. Available in WWW:_URL: http://www.bradshawfoundation.com/namibia/twyfelfontein_site_report1.php.

PHILLIPSON, D. 2005. *African Archaeology.* Cambridge: Cambridge University Press. 3ª Edição. 389 p.

RAMOS, M. 1979. Gravuras Rupestres de Monte Negro. *Leba.* Lisboa: Junta de Investigações Científicas do Ultramar. 2, p. 11-44.

REDINHA, J. 1948. As gravuras do Alto Zambeze e a primeira tentativa da sua interpretação. Lisboa: *Publicações culturais da Companhia de Diamantes de Angola.* 2, p. 67-82.

REID, A. 2005. Interaction, Marginalization, and the Archaeology of the Kalahari. In Stahl, A. (ed.) *African Archaeology, A Critical Introduction.* Oxford, Malden and Victoria: Blackwell Publishing. p. 353-377.

REYNOLDS, J. 2007. Living Rock Art, Looking for hidden sites and secret rites in rural Malawi. *Archaeology.* [Online]. 60:4, pp. 55-60. [Consult.21Aug.2011]. Available in WWW:_URL: http://www.archaeology.org.

SERRANO, C. 1993. Símbolos do poder nos provérbios e nas representações gráficas Mabaya Manzanga dos Bawoyo de Cabinda – Angola. *Revista de Arqueologia e Etnologia.* S. Paulo. 3, p. 137-146.

THACKERAY, A.; THACKERAY, J.; BEAUMONT, P.; VOGEL, J. 1981. Dated Rock Engravings from Wonderwerk Cave, South Africa. *Science.* [Online]. 214: 4516, p. 64-67. [Consult.1Jul.2011]. Available in WWW:_URL: http://www.sciencemag.org/content/214/4516/64.

WENDT, E. 1976. Art mobilier from the Apollo 11 cave, South West Africa: Africa's oldest dated works of art'. In *South African Archaeological Bulletin.* 31, p. 5-11.

WILLCOX, A. 1963. The Rock Art of South Africa. Johannesburg: Thomas and Sons. 196 p.

*WORLD HERITAGE IN AFRICA*. Paris: UNESCO-ICOMOS Documentation Centre. September 2009. 130 p.

# ROCK ART FROM EBO – THE SEAL OF IDENTITIES ON THE TERRITORY

Luiz Miguel OOSTERBEEK
Professor at the Polytechnic Institute of Tomar, Portugal
Principal Investigator of the "Quaternary and Prehistory" Group, Geosciences Center
(uID73 – Foundation for Science and Technology), Portugal
UISPP Secretary General – International Union of Prehistoric and Protohistoric Sciences
loost@ipt.pt

Cristina Pombares MARTINS
Master in Prehistoric Archaeology and Rock Art/ Master *Erasmus Mundus* "Quaternary and Prehistory"
(UTAD/IPT/URV/UNIFE/MNHN)
Associate researcher of the "Quaternary and Prehistory" Group, Geosciences Center
(uID73 – Foundation Science and Technology), Portugal
PhD Candidate in "Quaternary, Materials and Cultures" (UTAD, Portugal)
FCT Scholarship (Project SFRH/BD/74567/2010)
crisaugst@gmail.com

**Abstract**: *The region of Ebo, in Kwanza-Sul, Angola has several shelters with paintings. In that area, communities, rock art, territory, other material and immaterial evidences are deeply interconnected, intercrossing and complementing each other, forming, altogether, a complex cultural landscape.*

*The focus will be given to the rock art. Using an appropriate methodology to recording the paintings in the shelters, combining different techniques, we will study the stratigraphy of the paintings and panels, building not merely a stylistic chronology, but a stratigraphic one, which allows us to build an interpretation of the landscape appropriation processes and of the cultural dynamics in the region.*

**Keywords**: *Angola, Landscape Archaeology, Rock Art*

**Résumé**: *La région de Ebo, dans Kwanza-Sul, en Angola, a plusieurs abris avec des peintures. Dans cette région, les communautés, l'art rupestre, le territoire, d'autres les témoignages matériels et immatériels sont profondément imbriqués, constituant comme un tout, un paysage culturel complexe.*

*L'accent sera donné à l'art rupestre. Une méthodologie appropriée sera utilisé pour les peintures des abris, pour enregistrer et étudier les panneaux et la stratigraphie de la peinture, pour construire pas seulement une chronologie stylistique, mais aussi stratigraphique, qui permettra de proposer une interprétation du processus d'appropriation du paysage et de la dynamique culturelle dans la région.*

**Mots-clés**: *Angola, Archéologie du paysage, Art Rupestre*

## 1. INTRODUCTION

Ebo, located in the province of Kwanza Sul, Angola, is a complex cultural landscape, with traces of remote human occupation, framed in a larger area that includes peculiar stone construction (tombs and fortifications). Despite all this, there are no studies about the region other than brief references. "EBO Project – Rock Art, Archaeology, Heritage and Development" (project PTDC/HIS-ARQ/103187/2008 supported by the Foundation for Science and Technology, Portugal) was designed to overcome this situation, gathering together researchers from the Polytechnic Institute of Tomar and from other institutions from Angola and Portugal. The core of the project will be mapping, recording and studying the rock art, but without forgetting the valorization, conservation and enhancement of the heritage, making it an added value for the benefit of local population.

Although no field campaign occurred yet, a first visit to the region allowed for the collection of some data that we present below.

## 2. THE CULTURAL LANDSCAPE

In Ebo's region, communities, rock art, territory, material and immaterial testimonies are deeply interlinked, crossing and complementing one each other, constituting on the whole, a complex cultural landscape.

The concept of cultural landscape/heritage was established by UNESCO through the *Convention Concerning the Protection of the World Cultural and Natural Heritage*, in 1972, aiming to recognize unique portions of territories, where the combination between human culture and natural environment gives to the landscape a unique identity. Cultural landscapes are, thus, cultural goods, "places of interest – works of man or the combined works of man and nature, and areas including archaeological sites with are of outstanding universal value from the historical, aesthetic, ethnological or anthropological point of view", according to Article 1 of the Convention.

In Ebo, to the beauty of the natural environment, the human groups added simple works that are diluted in the landscape, complementing it and making it unique (Fig. 1).

*Figure 1 – Landscape view from the Cumbira's shelter. Photo: Oosterbeek*

Geomorphology, funerary structures, villages, paths and rock art, altogether build a palimpsest that allows for the reading of this region's past for at least the past three millennia.

Tombs of the *Sobas* (village's chiefs) and other notables of the community, are spread throughout the province of Kwanza-Sul (Ervedosa, 1980: 417), built with small stones layered without mortar, tops the granite hills, in an uniform gray, dispersed across the landscape (Fig. 2).

*Figure 2 – Soba's tomb. Photo: Oosterbeek*

These peculiar sepulchral constructions are part of a wider area which includes other stone buildings, fortifications, which appear in the form of fortified hills and walled enclosures, in an extending region from Quibala and Amboim to the Huila's plateau (Ervedosa, 1980: 395), for which there are few studies, besides the study "Construções Bantas de pedra em Angola" (Banta's Construction of stone in Angola") by Adriano Vasco Rodrigues (1968). These fortifications have huge differences when compared for instance with Northeast defensive enclosures, defined by a moat (Jorge, 1974: 167).

Other information of ethnographic nature are yet part of this cultural landscape and can be used to interpret many of the metaphors and symbols of rock art, as a key to understand the meaning and motivation of these artistic expressions and of their own cultural dynamics –"(...) only through direct exposure to dynamics – the ethnoarchaeological study of living systems – does the archaeologist stand the best chance of gaining sufficient understanding to begin the task of giving meaning the archaeological record (...)" (Binford, 1980: 5).

Particular relevance has the oral tradition, living repository of History and stories associated with the region's special places, such as the rocky outcrop with cupules named "Pedra do Matato" – ("The rock of Matato" – *Matato* meaning scream). This was associated with a legend: its ancient name was "Ionda Rock" (or where the *Soba* was buried), according to the report of Mr. Prazeres, responsible, in the Ebo, for the heritage's preservation, and this is an example of the linkage between landscape, toponimic resources and rock art (Oosterbeek, 2011).

## 3. THE TERRITORY

The municipality of Ebo has 2191 square kilometers and 130,000 inhabitants. The main activity of the population is subsistence agriculture.

In geological terms, the Ebo is in the area of the old massif without significant deposits of mineral resources, in an area of igneous or eruptive rocks, represented mainly by two NW/SE chains defining a plateau within which also emerge granitic inselbergs, surrounded by ferralitic and paraferralitic soils. This is a sub-planaltic highlands area, where the relief has an average altitude ranging between 1000 m and 1500 m.

Ebo has a very rich drainage system, the larger bed being the Queve (or Cuvo) River, with numerous brooks, allowing for a high fertility of soils for agriculture and for fishing activity. Together with the farmland that support mainly a subsistence agriculture (corn, beans, sweet potatoes, etc.), there are areas of open forest and savannah with acacias and *euphorbia*s, with a predominance of tropical humid climate, accentuated rainfall (the annual average is around 1500 mm), and an average temperature of 20°, due to the influence of altitude in the region.

Rural villages are in the plateau and are structured in different ways. In Cumbira (Fig. 3), for example, occur scattered houses in a kind of beehive model, with emphasis on adobe constructive techniques. In Caiombo, buildings are sub-rectangular along organized roads, and most of them are closed by a common wall.

*Figure 3 – Partial view of Cumbira's village, with painted shelter in the back. Photo: Oosterbeek*

Such a rich region with abundant water and forestry resources, provides a diverse fauna, requiring no major effort to take advantage from the forest and rivers, and related resources. The Cuvo river, the great river that runs across the valley, provides food, may have functioned as a transport route to the coast, but also defines a corridor for a possible route of transhumance, acquisition of raw materials (e.g. minerals), or even be part of a migration route for animals for food or to breed. It also attracts animals from the forest areas in the dry season, unable to find water in the rivers of lower flow, close to the current villages (Ebo, Cumbira, Caiombo).

The three painted shelters that will be part discussed below are located Northwest (Cumbira), North (Ndelambiri) and Northeast (Caiombo) of Ebo (Martins, 2008). The villages are near the farmland, near the rivers (Mapassa river – Cumbira, Chipuanga and Ngila rivers – Ndelambiri; Matari, and Tamba Muegi rivers – Caiombo) and shelters are at half-slope or in an higher level, outside the villages.

When starting the project, several questions may be raised: What purpose was played in the territory by these shelters? Which is their orientation? Have they sedimentary deposits? Have they, in fact, functioned as a blacksmith workshops, as evidenced by the numerous iron slags found there in the 70s, during the visit of Carlos Ervedosa and Santos Junior? (Ervedosa, 1980: 281; Santos Junior, 1974: 8). If yes, were the last blacksmiths the authors of the paintings? What is the purpose of these paintings? What is the significance of these figurations to current populations?

## 4. IDENTITY / IDENTITIES AND TERRITORY / LANDSCAPES

In the region of Ebo we find the group Ambundu or mbundu that speaks the dialect Ngoya from Kimbundu language. This language belongs to the super-family of Niger-Congo languages of Bantu origin (the Bantu term is just a linguistic reference of groups that share the same linguistic system, but are not a cultural or biological unity). The Niger-Congo languages are the largest *phylum* of Africa and of the world, in terms of the number of languages, spread across the West, Central and Southern Africa (Williamson & Blench, 2000:11-12).

The Ngoya is also known as Kibala (also the name of a not too distant village) or Kibala-Ngoya. A recent study presented by Angenot, Mfuwe and Ribeiro (2011) about the Kibala refers to it as an undocumented Bantu language from Angola, in use at the center of the province of Kwanza Sul, covering a wide area, including Kibala, Ebo, Wako Kungo, Assango, Cabela, Condé, Quilenda and Mussende.

The authors argue that there is some uncertainty about if this is a dialectal variant of the Kimbundu language, an independent language within the Kimbundu group or even the Umbundu group, or whether if it is a hybrid speaking form of transition zones within the typological domain Bantu (Angenot *et al.* 2011: 253).

Ebo, however, is located in an area very close to the one occupied by the Ovimbundu group, which speaks Umbundo. Angenot considers there is a dialectal variant Ebo of the Kibala (Kibala-Ebo), with characteristic words of the Umbundu group, other typical from Kimbundu group and others still quite distinct from both (Angenot *et al.* 2011: 263).

Language creates spaces of identity, is a "product" of culture, reflects the culture of a society, but on the other hand, it is also a part of that culture, constituting one of its elements, among others (Levi-Strauss, 2010: 84) and so it is as important as the analysis of others.

Identity is a concept that does not contain a single definition. Identity is a system evidenced by a set of unique characters that although not necessarily individually exclusive, differ in their association from group to another. Human beings define their identity through media such as family, clan, community, nation. It is the small addition of these identities that authorizes the construction of a global identity that is historically linked to a territory (Henriques, 2004), which is constantly changing, despite its apparent permanence in time.

Also, the territory is the stage where landscape is built/ perceived, from the accumulation of functional areas (habitat, work, hierarchical, religious, etc.) on which the identity is expressed. The construction of the landscape needs numerous signs to ensure its use and control, i.e, it needs symbolic markers to render the geography functional.

This multiplication of markers results in a palimpsest of territorial identities. The landscape is, therefore, very important in the formation of identities; it is the stage of symbolic and cultural dimensions that transform it by the ideological-cultural appropriation (Souza & Pedon, 2007: 133), more than by the appropriation of the property itself.

Rock art can be a symbolic marker in the territory, on occasions. But it is important to remember that other functions may also be associated to it: "Rock Art is not necessarily all sacred and mysterious. Some of it may be games or celebration of life, narratives, or territorial boundaries" (Bahn, 2002: 92).

After the territorial description, which will gather data based on geomorphology, topography, microclimate, processes of erosion and deposition, distribution of resources, the focus will be on rock art, combining different recording techniques (Abreu & Jaffe, 1996), studying the stratigraphy of paintings, but also styles, to build an interpretation of the processes of appropriation of the territory in the region, also trying to understand the extent to which certain decorative patterns present in pottery, basketry, wooden objects, tattoos or weaving can be associated with rock art, trying to recognize the cultural dynamics in the region.

The painted shelters from Ebo are stylistically different, but exhibit an iconography in part convergent.

In Cumbira's shelter we found paintings with at least four overlapping layers (Fig. 4). Black zoomorphic representations (e.g. antelopes) seem to correspond to a first moment, possibly associated to hunter-gatherers or first farmers. In white arise anthropomorphic and zoomorphic figurations, some enabling the identification of hunting, fishing and transport scenes. There are partially recovered, at the bottom, by more recent paintings (zoomorphic and circles). Near the entrance of the shelter there is an engraved circle.

*Figure 4 – Cumbira's paintings.
Photo: Oosterbeek*

The Caiombo's shelter (Fig. 5), composed of two cavities shows, on the left, some reddish / ocher stains on the base, over which we can identify dancing anthropomorphic with weapons or musical instruments in the hand, which are covering the white geometric paintings and, in its turn, are covered by white paintings representing a possible dance scene. In the right cavity, yellow paintings were damaged by humidity, but we can recognize a great zoo-anthropomorph, with about 1 meter. This great figure is covered with white geometric paintings, but also by small, almost filiform, anthropomorphic figures.

*Figure 5 – Caiombo's Shelter. Photo: Oosterbeek*

*Figure 6 – Ndelambiri's paintings. Photo: Esteves
(from Mila Simões de Abreu's Archive)*

In Ndelambiri's shelter, the largest one, with 61 meters long and 2 meters high, the paintings are white, brick red and black, depicting scenes of everyday life (anthropomorphic figures smoking pipe, talking, grinding grain in the mortar, etc.) hunting scenes (anthropomorphic representations with arms pointing to zoomorphic figures), other anthropomorphic and zoomorphic representations grouped or isolated, palanquins, nets (Fig. 6).

Can the black paintings, predominantly zoomorphic, belong to a first moment related with groups of hunter-gatherers? Are some of them associated with pastoral communities? And the depictions of scenes from everyday life, of hunting scenes with weapons of European origin and potential pitfalls; may these belong to societies of farmers with association to metallurgical practices (iron slag was found in shelters)? Are these paintings related to the so-called "late white paintings" of the central-west Africa? Are the paintings seals of different identities in the territory? Can some of the art, namely the one relatable to the local tales about escaped populations, be related to migrations of coastal refugees running from slave traders?

## 5. CONCLUSION

The study of rock art will be complemented by the archaeological, ethnographic and historical records, to understand behavior recurrences, social relations and interaction of human groups, human/environment interactions, distribution and exploitation of resources, mobility strategies, establishment of spaces (housing, ritual, etc..) routes of penetration and diffusion of technology.

The project will generate a chrono-stratigraphic reference table which will be structured with a macro analysis supported by bibliographic records and documentation for the construction of an interpretive model for the Kwanza-Sul, answering some of the issues we have set out and leading to the formulation of new questions, because "the past is, by definition, a fact that nothing can change. But the knowledge of the past is a thing in progress, which can be, uninterruptedly, transformed and improved" (Bloch, 1987: 55).

### Aknowledgements

This research was sponsored by the Portuguese State through FCT – Fundação Para a Ciência e Tecnologia (Foundation for Science and Technology) within the projects PTDC/HIS-ARQ/103187/2008 and SFRH/BD/74567/2010.

### References

ABREU, M.S.; JAFFE, L. 1996. *Propostas e métodos para o levantamento, catálogo, documentação, estudo e divulgação das gravuras rupestres do Parque Arqueológico do Côa.* Oeiras: Pre-Art Publications. 16 p.

ANGENOT, J.; MFUWA, N.; RIBEIRO, M. 2011. As classes nominais do Kibala-Ngoya, um falar Bantu de Angola não documentado, na intersecção dos grupos Kimbundu [H20] e Umbundu [R10]. *PAPIA.* São Paulo. 21:2, p. 253-266. [Consult.26Aug.2011]. Available in WWW:_URL:http://abecs.net/ojs/index.php/papia/index.

BAHN, P. 2002. Ways of looking at Prehistoric Rock Art. *Diogenes.* [Online]. 49:143, p. 88-93. [Consult.15Oct.2011]. Available in WWW:_URL: http://dio.sagepub.com/content/49/193/88.full.pdf+html.

BINFORD, L. 1980. Willow smoke and dog's tails: hunter-gatherer settlement systems and archaeological site formation. *American Antiquity.* Washington. 45:1, p. 4-20.

BLOCH, M. 1987. *Introdução à História.* Mem-Martins: Publicações Europa-América. 5ª Edição. 179 p.

BRADLEY, R. 2003. Seeing things, Perception, experience and the constraints of excavation. *Journal of Social Archaeology.* [Online]. 3:2, p. 151-168. [Consult. 29 Sep. 2011]. Available in WWW:_URL: http://jsa.sagepub.com/content/3/2/151.full.pdf+html.

*Convenção para a Protecção do Património Mundial, Cultural e Natural.* [Consult.23Aug.2011]. UNESCO. [Online]. Available in WWW:_URL:http://www.unesco.pt/cgi-bin/cultura/docs/cul_doc.php?idd=5.

ERVEDOSA, C. 1980. *Arqueologia Angolana.* Lisboa: Edições 70. 444 p.

HENRIQUES, I.C. 2004. Território e Identidade, a construção da Angola colonial (c.1872 – c.1926). Lisboa: Centro de História, Universidade de Lisboa. 100 p.

JORGE, V.O. 1974. Breve introdução à Pré-história de Angola. *Revista de Guimarães.* Guimarães. 84, p. 149-170.

LÉVI-STRAUSS, C. 2010. *Anthropologie structurale.* Paris: Pocket. 479 p.

MARTINS, C. 2008. *Arte Rupestre de Angola, um contributo para o seu estudo numa abordagem à Arqueologia do Território.* Master's Thesis in "Prehistoric Archaeology and Rock Art", by Instituto Politécnico de Tomar/Universidade de Trás-os-Montes e Alto Douro (Portugal). 236 p.

OOSTERBEEK, L. 2011. Arte Rupestre, Paisagem e Identidade na arte rupestre de Angola: Namibe e Ebo. In Oosterbeek, L.; Nash, G. eds. – *Landscape Within Rock Art.* Tomar: CEIPHAR. Série Arkeos, 29. p. 23-33.

RODRIGUES, A. 1968. Construções Bantas de pedra em Angola. In: *Boletim do Instituto de Investigação Científica de Angola.* Luanda: Instituto de Investigação Científica de Angola. 5:2, p. 169-189.

SANTOS JÚNIOR, J.R. 1974. *Arte Rupestre em Angola.* Porto: Instituto de Antropologia "Dr. Mendes Corrêa". 27, 20 p.

SOUZA, E.; PEDON, N. 2007. Território e Identidade. *Revista Electrónica da Associação dos Geógrafos Brasileiros.* Secção Três Lagoas-MS. [Online] 6:1, p. 126-148. [Consult.10Oct.2011]. Available in WWW:_URL:http://www.ceul.ufms.br/revista-geo/index_revista.htm.

WILLIAMSON, K.; BLENCH, R. 2000. Niger-Congo. In Heine, B.; Nurse, D. eds. – *African Languages: an introduction.* Cambridge: Cambridge University Press. p. 11-42.

# NOUVEAU REGARD SUR L'ART RUPESTRE DU BAS-CONGO

## Geoffroy HEIMLICH

CEMAf, Centre d'Etudes des Mondes Africains, Université de Paris I Panthéon-Sorbonne, France
CReA-Patrimoine, Centre de Recherches en Archéologie et Patrimoine, Université Libre de Bruxelles, Belgique
geoffroy.heimlich@ulb.ac.be

**Abstract**: *Lower Congo rock art is concentrated in a region that stretches from Kinshasa to the Atlantic coast and from Northern Angola to Southern Congo-Brazzaville. Although Lower Congo rock art was identified as far back as the nineteenth century, it had never been a subject of thorough investigation. Presently inhabited by the Ndibu, one of the Kongo sub-groups, the Lovo Massif is situated north of the ancient Kongo kingdom. With 102 sites (including 59 decorated caves), the Lovo Massif has the largest concentration of rock art in the entire region. This paper specifies the chronology and interpretation of these rock images.*

**Keywords**: *Rock art, Lower Congo, Democratic Republic of the Congo, Kongo kingdom*

**Résumé**: *L'art rupestre du Bas-Congo s'étend de Kinshasa à la côte atlantique et du nord de l'Angola au sud du Congo-Brazzaville. Bien que signalé dès le XIX$^e$ siècle, il n'a pourtant jamais fait l'objet d'une recherche de grande ampleur et son âge reste toujours incertain. Peuplé par les Ndibu, un des sous-groupes kongo, le massif de Lovo se trouve au nord de l'ancien royaume de Kongo. Avec 102 sites (dont 59 grottes ornées), le massif de Lovo est la plus importante concentration d'art rupestre de toute la région. Cet article me permettra de préciser l'ancienneté de l'art rupestre du Bas-Congo et l'interprétation de ces images rupestres.*

**Mots-clés**: *Art rupestre, Bas-Congo, République démocratique du Congo, royaume de Kongo*

## 1. LE ROYAUME DE KONGO, UNE ARCHEOLOGIE EN DEVENIR

Ma recherche porte sur l'art rupestre du Bas-Congo, région la plus à l'ouest de l'actuelle République démocratique du Congo et située au centre de l'ancien royaume de Kongo (Fig. 1).

En 1483, les navigateurs portugais arrivèrent à l'embouchure du fleuve Congo et furent frappés d'y découvrir une structure politique centralisée. A son apogée, vers la seconde moitié du XVI$^e$ siècle et la première moitié du XVII$^e$ siècle, le royaume de Kongo s'étendait à cheval entre les états modernes de la République démocratique du Congo, l'Angola, le Congo-Brazzaville et le Gabon sur une superficie allant jusqu'à 130,000 km$^2$ (Thornton, 1977, p. 526; Thornton, 1983, p. XIV). A la suite de la conversion au christianisme de plusieurs rois dès le XV$^e$ siècle, missionnaires, ambassadeurs et commerçants ont ainsi pu décrire de manière assez précise la vie quotidienne et religieuse de l'ancien royaume. A la fin du XVII$^e$ siècle, invasions, conflits intérieurs et ingérences portugaises entraînèrent le début des guerres civiles et un morcellement progressif du royaume (Thornton, 1983).

Bien que le royaume de Kongo soit, à partir de 1500, l'un des royaumes les mieux documentés de toute l'Afrique tant par les sources historiques (par exemple Cuvelier, Jadin, 1954; Vansina, 1965; Balandier, 1965; Randles, 1968; Thornton, 1983; Hilton, 1983) que par les sources ethnographiques et anthropologiques pour les périodes plus récentes (par exemple Van Wing, 1959; Fu-Kiau kia Bunseki-Lumanisa, 1969; Janzen, MacGaffey, 1974; Thompson, Cornet *et al.*; 1981; MacGaffey, 1986; Janzen, 1995; de Heusch, 2000; Fromont, 2008), il reste largement inconnu archéologiquement (Clist, 1991, p. 253-256; de Maret, 2002; de Maret, 2005, p. 420-440; de Maret, 2006, p. 319-328). L'analyse de la céramique découverte au cours des recherches de Georges Mortelmans (Mortelmans, 1962, p. 407-425) — plus tard complétée par celles de Pierre de Maret (de Maret, 1972) — a néanmoins permis de donner une première assise archéologique à l'histoire du peuplement du Bas-Congo. Ils distinguent plusieurs groupes de céramiques. Le plus ancien, dit « groupe de Ngovo », dont les témoignages furent trouvés en association avec des outils polis, suggérerait l'apparition de populations sédentaires durant les deux derniers siècles avant notre ère, à la période de transition qui voit l'apparition du métal (de Maret, 1986, p. 103-133). Un sondage dans la grotte de Ngovo a donné une date comprise entre 208 cal BC et 23 cal AD (Hv-5258) et entre 170 cal BC et 142 cal AD (Hv-6258).[1] Ces datations sont proches de celles obtenues pour la grotte de Dimba entre 259 cal BC et 263 cal AD (Hv-6257), la grotte de Ntadi-Ntadi entre 235 cal BC et 27 cal AD (Hv-6250) et le site de plein air de Sakuzi, dont une fosse a été datée entre 204 cal BC et 71 cal AD (Lv-1471). L'Âge du Fer ancien pourrait être associé au « groupe de Kay Ladio » (de Maret, 1972). Sur le site de Sakuzi, les résultats obtenus pour des charbons de bois prélevés dans des fosses contenant des scories de fer, des fragments d'objets en fer, des noix de palme et de la céramique du

---
[1] Les âges calendaires ont été déterminés grâce au logiciel Calib rev 6.0.0 et aux données de calibration les plus récentes.

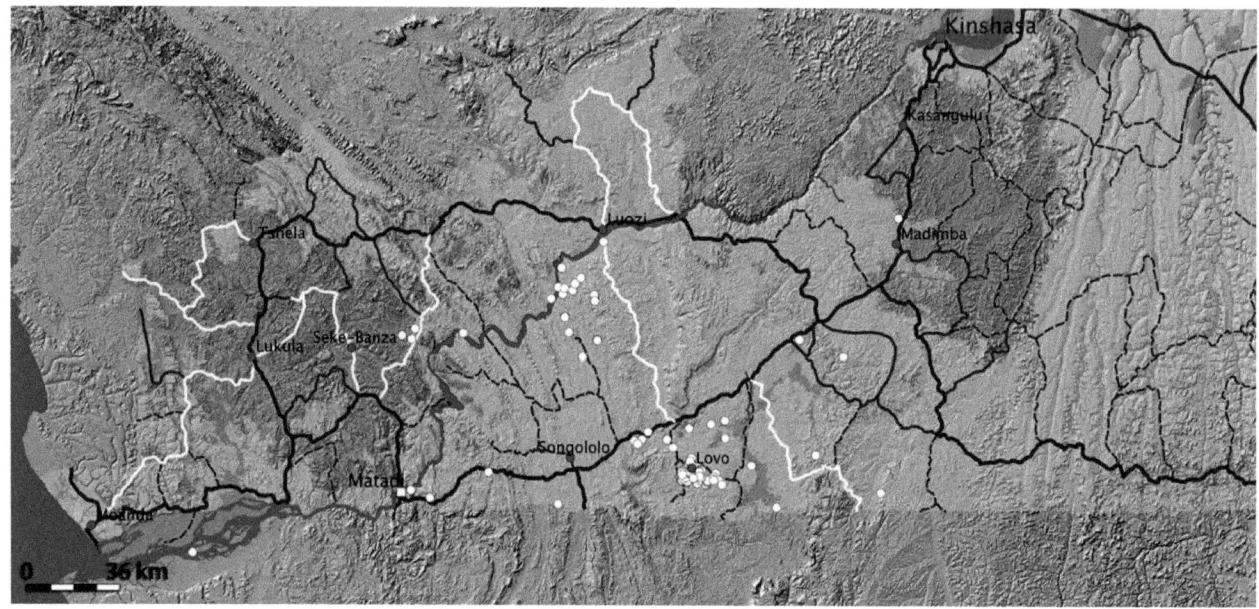

*Figure 1 – Carte de répartition des sites d'art rupestre du Bas-Congo.
Carte réalisée avec Quantum GIS (Geoffroy Heimlich)*

« groupe de Kay Ladio » montrent des dates comprises entre 55 cal AD et 425 cal AD (Lv-1468, Lv-1469 et Lv-1470). Il faut ensuite attendre les cinq derniers siècles de notre ère pour reconnaître d'autres groupes de céramique à mettre en rapport avec le royaume de Kongo.[2] Leur dispersion attesterait des structures commerciales et politiques de l'époque (de Maret, 2005, p. 428-429).

Il manque encore une recherche systématique sur les origines du royaume et cela reste une priorité pour des recherches futures (Vansina, 1963, p. 33-38; Vansina, 1994, p. 7-49; Denbow, 1990, p. 158; Denbow, 1991a; Denbow, 1991b; Thornton, 2001, p. 89-120; de Maret, 2005, p. 427). Seules des fouilles archéologiques pourraient fournir des indications matérielles sur l'évolution du royaume de Kongo, notamment ses développements économiques, sociaux et culturels sous-tendant l'émergence de cet état centralisé. Elles permettraient ainsi de jeter un regard nouveau sur des controverses comme l'adoption de la foi chrétienne, et de mieux comprendre la nature des relations afro-européennes comme en témoignent les rares fouilles pilotes menées jusqu'à présent dans les cimetières des capitales provinciales de Mbanza Mbata et Mbanza Soyo (Bequaert, 1940; Vandenhoute, 1972-1973; Abranches, 1991).

## 2. L'ART RUPESTRE, UN VOLET MECONNU DE L'ART DU ROYAUME DE KONGO

« Depuis la christianisation de ce royaume, on suppose (à moi, on me l'a dit de façon certaine), qu'un apôtre était passé par là du temps de l'évangélisation. On suppose qu'il s'agissait de Saint Thomas qui a laissé des textes sur

une pierre et personne n'a su les traduire parce qu'ils étaient par tradition en hébreu. [...] Je dis donc que ce que l'apôtre a semé à l'époque est la preuve que le Congo connaissait le Christ depuis environ 110 ans » (Del Santissimo Sacramento, 1583, fol. 24).

Dès le XVIe siècle, les missionnaires nous livrent déjà les premières mentions d'art rupestre comme c'est le cas du père Diego del Santissimo Sacramento lors de son séjour dans l'ancienne capitale du royaume, Mbanza Kongo de 1584 à 1587. A partir du XIXe siècle, ce fut le tour des explorateurs, dont le plus célèbre, James Kingston Tuckey, découvrit le « Fetish Rock » en 1816, lors de sa reconnaissance du fleuve Congo (Tuckey, 1818, p. 95-97, p. 380-382). Craint par la population, ce rocher orné était considéré comme « la résidence particulière de Seembi, l'esprit qui règne sur le fleuve » (Tuckey, 1818, p. 380). Dès 1950, des études préliminaires ont été entreprises à travers tout le Bas-Congo par des chercheurs belges. Initiateur de cette recherche, le père Joseph De Munck inventoria au total 55 sites d'art rupestre dans les régions de Matadi, d'Isangila et entre les rivières Lufu et Inkisi (De Munck, 1960; De Munck, Vanden Bossche *et al.* 1959, p. 7-21; De Munck, Raymaekers, 1960; De Munck, van Moorsel, 1961a; De Munck, van Moorsel, 1961b). Il tend à rattacher ces sites contemporains du royaume de Kongo soit à la mythologie, soit à des cérémonies d'initiations ou à des pratiques liées à la chasse et la pêche, ou à la « sorcellerie ». En 1957, lors de la préparation du IVe Congrès panafricain de préhistoire, Georges Mortelmans et Roger Monteyne inventorièrent de nombreux témoignages rupestres, dont la grotte de Mbafu, objet d'une note dans les comptes-rendus. Sa forme « en chapelle gothique » aurait « attiré les catéchistes noirs » (Mortelmans, Monteyne, 1962, p. 485-486) en illustrant « l'histoire de Don Henrique » (Mortelmans, 1959, p. 343-344), dans la première moitié du XVIe siècle. De ces recherches de terrain s'est dégagé

---

[2] Il s'agit des « groupes » I, II, III, IV, V, X, Kanda Kumbi et Sumbi (de Maret, 1972; de Maret, Steiner, 1999, p. 477-486; Clist, 1991, p. 253-256).

un ensemble cohérent: le massif de Lovo, qui fut d'abord étudié par Paul Raymaekers et Hendrik van Moorsel en 1962 (Raymaekers, van Moorsel, 1964). Tout en émettant l'hypothèse qu'une tradition d'art rupestre ait pu débuter dès le Late Stone Age, Pierre de Maret, qui a repris l'étude de ce massif en 1973, associe les sites d'art rupestre du massif de Lovo à une seule période d'occupation de l'Âge du Fer, à l'époque de la première évangélisation du royaume de Kongo (de Maret, 1982, p. 82; de Maret, 1994, p. 187).

Au tournant des Indépendances, Andele Fu-Kiau kia Bunseki-Lumanisa interpréta dans sa cosmogonie des kongo septentrionaux (Manyanga) le motif de la croix. A partir de ses enquêtes orales et de l'art rupestre de Lovo notamment, il émet l'hypothèque que la croix n'est assurément pas un produit d'importation chrétienne. Il y voit un schéma cosmogonique: « la naissance de l'homme et le lever du soleil se situe à l'est, sa mort et le coucher du soleil à l'ouest » (de Heusch, 2000, p. 173). L'art rupestre serait dès lors « une manière d'écrire et de conserver le savoir du monde tel qu'il apparaissait à un mukongo » (Fu-Kiau kia Bunseki-Lumanisa, 1969, p. 125). Sur la base de ce « cosmogramme », Robert Farris Thompson entreprit en 1981 une analyse de l'art rupestre par rapprochement avec d'autres œuvres kongo, de zones et d'époques différentes, dont la symbolique, datant de plusieurs siècles, aurait survécu jusque dans les Amériques (Thompson, Cornet et al. 1981). Le fait qu'il s'en remette entièrement à Andele Fu-Kiau, d'origine Nianga, sans chercher d'explication dans la cosmogonie d'autres sous-groupes, qui ont en commun un profond lien historico-religieux, a été l'une des principales critiques adressée à son approche (Vansina, 1982, p. 30; Tshiluila, 1986, p. 335; de Maret, 1994, p. 187). Se basant lui-aussi sur cette même cosmologie et ses enquêtes chez les Mboma, Wyatt MacGaffey estime que le nombre limité de motifs suggérerait « un code ou un langage » (MacGaffey, 1986, p. 119) utilisé par des « individus ayant pour obligation de passer une nuit dans les grottes... pour tester leur aptitude aux fonctions rituelles » (MacGaffey, 1978 cité par Thompson, Cornet et al. 1981, p. 134, note 50). Barbaro Martinez-Ruiz identifie également dans l'art rupestre ce même « cosmogramme » tel qu'il a été défini par Andele Fu-Kiau et complété par Robert Farris Thompson. Présent dans le massif de Lovo et dans des sites angolais,[3] il aurait été transmis à travers les millénaires et s'intégrerait sans rupture dans les croyances des kongo actuels, mais aussi des Chokwe et des Kuba, jusqu'en Amérique (Martinez-Ruiz, 2007, p. 186-194). De même, il prône une continuité entre les postures humaines peintes dans les grottes et la gestuelle kongo actuelle, et suppose que ni leur forme ni leur sens n'auraient été modifiés depuis des millénaires (Martinez-Ruiz, 2009). A l'aide de documents écrits du XVIIe et XVIIIe siècles et par l'étude des pratiques artistiques kongo contemporaines, Cécile Fromont adopte une approche différente. Comme les cors en ivoire, les textiles ou les poteries, l'art rupestre ferait fréquemment référence à des motifs dérivés du tissage. Les motifs cruciformes répondraient au même principe, « deux lignes s'intercédant à égale distance, organisées autour d'un point central et s'inscrivant dans un rhombe » (Fromont, 2008, p. 208), qu'elle identifie comme la « croix kongo ». Rappelant que la croix est l'insigne principal du *kimpasi*, elle montre ainsi que ce glyphe, indépendamment de toute influence européenne, était « un symbole clé de la cosmologie kongo » (Fromont, 2008, p. 200).

## 3. PRESENTATION DU MASSIF DE LOVO

Mes recherches documentaires ont ainsi permis d'inventorier au Bas-Congo 148 sites d'art rupestre.

Une zone ornée est particulièrement riche: le massif de Lovo, qui fait l'objet de ma thèse de doctorat. Peuplé par les actuels Ndibu, un des sous-groupes kongo, le massif de Lovo se trouve au nord de l'ancienne capitale du royaume, Mbanza Kongo, dans la province de Mpemba (Boone, 1973, p. 117 et 120). Sur environ 400 km$^2$ se dressent des centaines de massifs calcaires au relief ruiniforme percés de nombreuses grottes et abris-sous-roche. Il est également situé sur une ancienne route des caravanes[4] et à proximité de gisements de fer.[5] Avec 102 sites inventoriés (dont 59 grottes ornées), ce massif contient la plus importante concentration de sites rupestres de toute la région. Au cours de mes prospections, de 2007 à 2011, j'ai eu l'occasion d'en étudier 53, dont 43 se sont avérés être inédits, ce qui représente au total plus de 5000 figures rupestres (Heimlich, en ligne; Heimlich, 2010, p. 42-50).

On y relève principalement des figurations géométriques (dont 42% de signes indéterminés, 8% de croix, 8% de grilles et 4% de motifs entrelacés), pouvant être associées soit à des zoomorphes avec, par ordre croissant, des lacertiformes (4,4%), des zoomorphes indéterminés (2%), des antilopes et des canidés (0,3%), soit à des anthropomorphes (3,5%). On ne trouve que dans de rares cas des inscriptions (2,5%), des théranthropes (0,2%) ou des mains positives (0,2%).

## 4. L'APPORT DE L'ART RUPESTRE POUR L'ETUDE DU ROYAUME DE KONGO

Au même titre que les sources historiques ou les traditions orales, l'art rupestre peut apporter aux

---

[3] Se basant sur les travaux de Carlos Ervedosa (Ervedosa, 1980), Barbaro Martinez-Ruiz date l'art rupestre de Caninguiri et de Quissanje de « 7840 ± 80 ans », celui de Tshitundo-Hulo de « 2596 ± 53 ans » et à Cambambi « les dessins sont anciens d'environ deux cents ans » (Martinez-Ruiz, 2007, p. 187). Ceci pose une question d'ordre méthodologique soulevée par Manuel Guttierez, pour qui « l'ancienne pratique [qui] constituait à attribuer aux parois peintes ou gravées les datations obtenues dans des niveaux archéologiques, sans vérifier s'il existait un rapport direct entre l'exécution des œuvres et les occupations datées » (Guttierez, 2008, p. 126).

[4] Une photographie (n° 421) prise par les prêtres diocésains de Gand en 1896 dans le massif de Lovo en fait encore mention sans plus de précision (KADOC, Universiteit Leuven).
[5] Plusieurs gisements ont été localisés dans le massif de Lovo-même (Carte géologique du Congo belge et Ruanda-Urundi, Feuille Thysville S. 6/14, 1958).

historiens une documentation de premier plan. Comme je tenterai de le montrer dans cet article, cet art n'est pas le résultat de l'exercice maladroit et individuel d'une technique de représentation graphique, mais un genre qui suppose bel et bien une tradition iconographique particulière. Il s'agit d'un système iconographique cohérent, dont un certain nombre de conventions ou de structures graphiques se retrouvent sur d'autres supports traditionnels. L'art rupestre peut ainsi nous aider « à comprendre les modes de fonctionnement de bien des traditions qui ont choisi une voie intermédiaire entre l'oral et l'écrit » (Severi, 2007, p. 21).

Pourtant, cet ensemble documentaire, reconnu depuis longtemps, n'a jamais fait l'objet d'une recherche de grande ampleur et son âge reste toujours incertain. Mon objectif est donc de:

1) réaliser l'inventaire le plus exhaustif possible du massif de Lovo en constituant une base de données liée à un SIG;

2) établir la séquence stylistique et en définir l'aire de répartition pour jeter une lumière nouvelle sur l'occupation humaine du Bas-Congo;

3) dater l'art rupestre par l'établissement d'un cadre chronostylistique couplé à des datations directes;

4) corréler l'art rupestre à la séquence archéologique. L'art rupestre pourrait-il être attribué aux groupes céramiques identifiés ou à des groupes plus anciens (du Late Stone Age)?;

5) déterminer les rapports entre l'art rupestre et le royaume de Kongo. Existerait-il des liens stylistiques entre l'art rupestre et d'autres motifs de l'art régional (textile, vannerie, céramique, olifant,...)? Pourrait-on sur cette base établir un corpus visuel dans l'éventualité d'interpréter les traits principaux des motifs kongo?;

6) découvrir si les sites sont encore aujourd'hui fréquentés pour des raisons religieuses ou cérémonielles et si l'on y perpétue un usage spécial;

7) envisager dans la zone de Lovo une initiative pilote pour inscrire cet art rupestre sur la liste du Patrimoine mondial de l'UNESCO.

## 5. LA GROTTE ORNEE DE TOVO: « CROIX KONGO » ET *KIMPASI*

La grotte inédite de Tovo est située au sommet d'un massif et le traverse de part en part. Les dessins sont situés dans la première salle, où ils sont assez effacés, et dans la galerie supérieure d'accès difficile. Dans cette galerie prédominent les représentations géométriques, à la différence de la salle d'entrée où sont figurés également des lacertiformes et des anthropomorphes. En 2008 et 2010, j'ai ainsi eu l'occasion de prélever six échantillons de pigments noirs dans la galerie supérieure. Leur examen au microscope électronique à balayage a mis en évidence l'utilisation du charbon de bois appliquée au doigt ou avec un crayon, ce qui m'a permis pour la première fois de dater directement des images rupestres du Bas-Congo. Les résultats obtenus pour ces charbons montrent des dates comprises entre 1450 cal AD et 1700 cal AD (Fig. 2). Ces dates peuvent être corrélées, d'une part, à celles obtenues sur deux charbons de bois prélevés au pied des parois ornées, entre 1540 cal AD et 1680 cal AD (T2, T50) et, d'autre part, au matériel archéologique récolté en surface, dont des poteries du Groupe III attribuables au royaume de Kongo.

Prenons le cas particulier du panneau 3 (Fig. 3). On accède à cette salle confinée de la galerie supérieure par un boyau très étroit. Deux croix coupées en leur milieu sont associées à un motif indéterminé (un blason?). On retrouve par ailleurs ce même type de motif cruciforme dans la première salle, où il est figuré au total quatre fois, sans toutefois être clairement associé à un autre motif en particulier. Les datations directes sont respectivement comprises entre 1620 cal AD et 1675 cal AD (T6) pour la croix de gauche et entre 1626 cal AD et 1680 cal AD (T5) pour celle de droite. L'analyse indique que le charbon de bois a été appliqué directement comme un crayon. Une étude attentive de la paroi a par ailleurs permis de déceler de manière très localisée une matière indéterminée (de texture molle et de couleur rougeâtre). Une analyse effectuée en spectroscopie infrarouge a mis en évidence la présence de résine polymorphisée (copal?). Observés à la loupe binoculaire, ces mêmes cristaux rouges semblent être associés au pigment charbonné d'un motif indéterminé comme si cette résine avait été ajoutée postérieurement au dessin.[6] Cette figure a été datée de 1617 cal AD à 1669 cal AD (T4). Au pied de la paroi ornée, j'ai également observé un foyer et, à proximité, un charbon de bois dont l'étude tracéologique a mis en évidence des traces caractéristiques de crayonnage. Cet échantillon donne une date entre 1537 cal AD et 1635 cal AD (T2) confirmant ainsi ces premiers résultats.

S'agirait-il d'un art rupestre à rattacher à la grande initiation religieuse du *kimpasi*? Signalé dès la seconde moitié du XVIIe siècle par les pères Girolamo da Montesarchio et Giovanni Antonio Cavazzi de Montecuccolo, l'initiation *kimpasi* se déroulait au sud du fleuve Congo et connut une grande extension géographique au XVIIe siècle.[7] Ce rite intervient chaque fois que la communauté éprouve le besoin d'assurer son renforcement, de remédier aux maux qui l'accablent, en faisant vivre à l'élite de la jeunesse, « la destruction et la reconstruction symbolique de la société pour se débarrasser des jalousies et des tensions » (Thornton, 1983, p. 61).

Haut lieu de la résistance au christianisme, les premiers missionnaires y ont vu un des principaux obstacles à leur action. Le père Cavazzi de Montecuccolo décrit ainsi un

---

[6] Des analyses complémentaires permettront de confirmer ou non cette hypothèse.
[7] Des comptes-rendus plus tardifs, datant du début du XVIIIe siècle, en attestent également comme ceux des pères Luca da Caltanisetta (Rainero, 1960, p. 318-323; Bontinck, 1970, p. 151-155) et Bernardo da Gallo (Salvatore, 2003, p. 161).

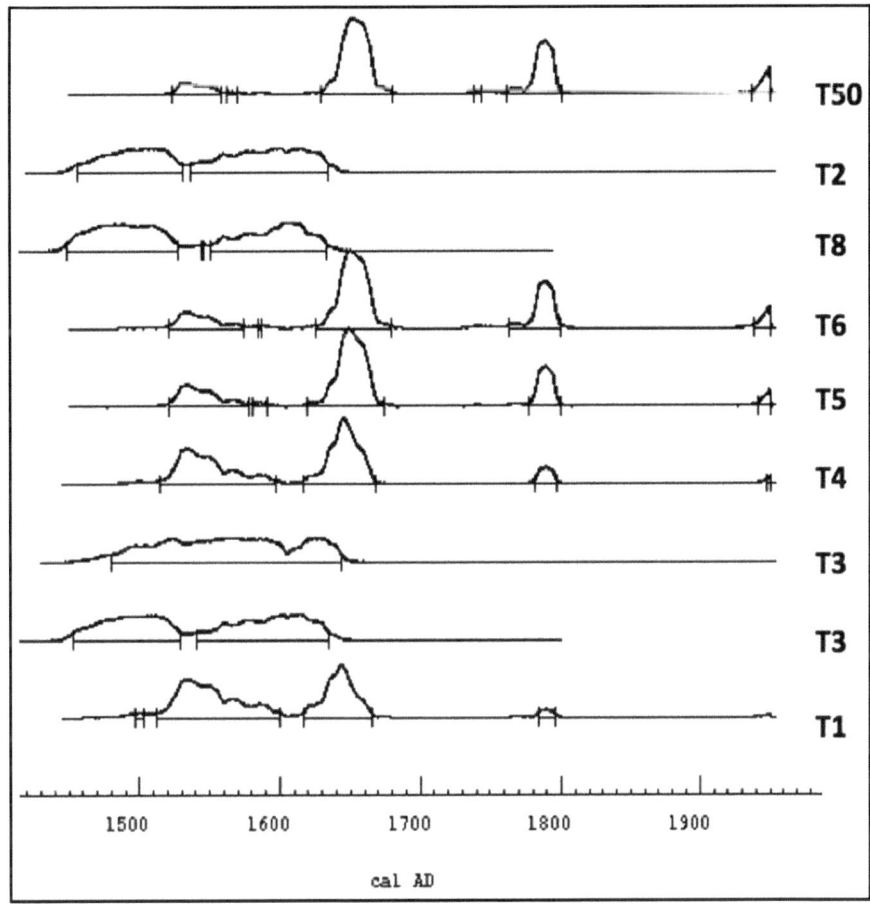

*Figure 2 – Bilan et comparaison des dates obtenues pour les charbons de bois de la grotte de Tovo par Geoffroy Heimlich (Pascale Richardin, Nathalie Gandolfo)*

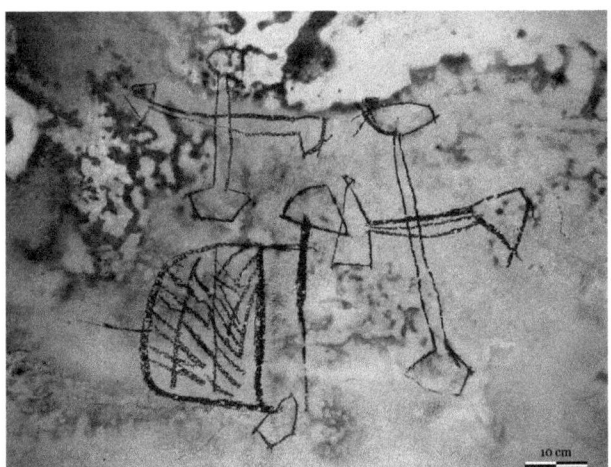

*Figure 3 – Relevé du panneau 3 de la grotte de Tovo (DAO Geoffroy Heimlich)*

enclos interdit aux non-initiés, appelé « Muraille du Roi de Congo », où les « Nequiti »[8] se livrent à des rites secrets « dans les endroits les plus écartés » (Cavazzi de Montecuccolo, 1687, p. 69). Le rite principal consiste en une cérémonie d'initiation où les futurs initiés sont désignés pour subir une mort symbolique et ressusciter à la vie dans l'enceinte sacrée du « Chiampasso »[9] (Cavazzi de Montecuccolo, 1687, p. 69), où les « Nequiti » emportent les novices sans connaissance.

Comme l'observent fréquemment les missionnaires au XVIIe et XVIIIe siècle, la croix est dans la vision du monde kongo un important symbole de passage entre le monde terrestre et l'au-delà. Etroitement associée au *kimpasi*, elle est utilisée pour marquer l'entrée de l'enceinte initiatique[10] ou, lors de rituels, pour renforcer la puissance d'une « idole ».[11] À la différence de la croix latine, Cécile Fromont définit la « croix kongo » comme étant composée de « deux segments se coupant à angle droit en leur milieu, formant les diagonales d'un losange » (Fromont, 2009, p. 53).

Les traditions orales collectées dans le massif de Lovo pourraient confirmer cette hypothèse. Comme me l'ont confié les chefs coutumiers de Kuluzu dia Lovo et Nkula 2, Pierre Constant Makumbu du clan Nzinga et Ndongala

---

[8] Les « Nequiti » désigneraient pour Luc de Heusch les esprits « Nkita » (de Heusch, 2000, p. 157).

[9] Le terme « Chiampasso » doit se lire « Kimpasi ».

[10] « Les adeptes de la société avaient à l'entrée de leur lieu de réunion, un grand portique avec le signe sacré de la croix peint en diverses couleurs » (de Bouveignes, Cuvelier, 1951, p. 157).

[11] « [...] mais pour mieux tromper toute sorte de personnes, surtout les chrétiens moins expérimentés, les démons leur ont suggéré de peindre de différentes manières la sainte croix en masquant par les signes de la véritable religion leurs sentiments d'une impiété sacrilège » (Cavazzi de Montecuccolo, 1687, p. 69).

Menakuntima du clan Vuzi dia Nkuwu, deux massifs sont encore aujourd'hui connus pour avoir abrité, jusqu'à la première moitié du XXe siècle, des *kimpasi*. Tous deux sont situés à proximité de la grotte ornée de Tovo. Il s'agit de Tadi dia Kimpasi et de Mongo dia Ngiandilwa. En contrebas de Mongo dia Ngiandilwa se trouve l'ancien village de Mbanza Mbota et son cimetière. J'ai pu y recenser trois sites d'art rupestre inédits dont les motifs sont semblables à ceux de la grotte de Tovo, notamment la « croix kongo » (Fig. 4). Un autre site d'art rupestre, Tadi dia Mwamwa, a pu également être répertorié à Tadi dia Kimpasi.

*Figure 4 – Relevé de Mbanza Mbota
(DAO Geoffroy Heimlich)*

Considéré comme un document d'histoire, l'art rupestre du Bas-Congo, qui paraît en tous les cas daté du XVe au XVIIe siècle, est comme je l'ai suggéré à travers cet exemple, orienté par un usage cohérent et des règles d'apprentissage, liés aussi bien au graphisme qu'à l'apprentissage oral.

De nouveaux échantillons de pigments charbonnés, prélevés en 2011 dans la première salle de la grotte de Tovo et dans la grotte inédite de Nkamba, où un *nkisi*[12] a été mis au jour caché dans la paroi, sont actuellement en cours de datation et permettront ainsi de compléter ces résultats préliminaires. Un autre prélèvement, de couleur noir, a également été effectué sur une poterie attribuable au Groupe III. Si cet échantillon, en cours d'analyse, s'avère être bien du charbon de bois, cela permettra de dater précisément ce type céramique dont les motifs sont comparables à ceux de l'art rupestre.

[12] Pour Wyatt MacGaffey, « le *nkisi* proprement dit (charme, fétiche) est présenté comme étant une représentation complexe du cosmos au sein duquel les vivants sont associés métonymiquement aux morts tout-puissants et métaphoriquement aux espèces naturelles » (MacGaffey, 1977a, p. 184).

Comme le souligne Wyatt MacGaffey, le *kimpasi* semble également être rattaché au culte des *simbi*, des esprits tutélaires (MacGaffey, 1977b, p. 184-185). Les traditions orales collectées dans les massifs de Lovo le confirmeraient et m'ont ainsi permis de mettre en évidence un lien étroit entre une partie de l'art rupestre et ce culte dévolu au *simbi*, ainsi qu'à des rituels de chasse liés à l'institution du *santu*.

## Remerciements

Dans le cadre d'un programme de recherche sur le royaume de Kongo poursuivi par Pierre de Maret, mes quatre missions archéologiques furent effectuées dans le Bas-Congo en 2007, 2008, 2010 et 2011 avec le soutien logistique de la Compagnie Sucrière de Kwilu-Ngongo et de l'Institut français d'Afrique du Sud et en collaboration avec l'Institut des Musées Nationaux du Congo. Je tiens à chaleureusement remercier toutes ces institutions, ainsi que le Centre de Recherche et de Restauration des Musées de France, le Musée royal de l'Afrique centrale de Tervuren, le Centre du patrimoine mondial de l'UNESCO et le bureau hors-siège de l'UNESCO à Kinshasa. Sur le terrain, mes plus vifs remerciements vont aux habitants des villages du massif de Lovo.

## Bibliographie

ABRANCHES, H. 1991. Sobre o Basolongo arqueologia da tradiçao oral. Bruxelles: Fina Petroleos de Angola. 182 p.

BALANDIER, G. 1965. La vie quotidienne au royaume de Kongo du XVIe au XVIIIe siècle. Paris: Hachette. 286 p.

BEQUAERT, M. 1940. Fouille d'un cimetière du XVIIe siècle au Congo Belge. L'Antiquité Classique. IX, p. 127-128.

BONTINCK, F. 1970. Diaire congolais (1690-1701) de Fra Luca da Caltanisetta. Louvain: éditions Nauwelaerts, Paris: Béatrice-Nauwelaerts. 249 p. (Publications de l'Université Lovanium de Kinshasa; 24).

BOONE, O. 1973. Carte ethnique de la République du Zaïre. Quart sud-ouest. Tervuren: Musée royal de l'Afrique centrale. 406 p. (Collection Annales Sciences Humaines).

BOUVEIGNES, O. de; CUVELIER, J. 1951. Jérôme de Montesarchio, Apôtre du Vieux Congo. Namur: Grands Lacs. 216 p. (Collection Lavigerie; 39).

CAVAZZI DE MONTECUCCOLO, G.A. 1687. Istorica descrizione de' tre regni Congo, Matamba ed Angola sitvati nell' Etiopia inferiore occidentale e delle missioni apostoliche esercitatei da religiosi Capuccini. Bologna: Giacomo Monti. 784 p.

CLIST, B. 1991. L'Archéologie du Royaume de Kongo. In Lanfranchi, R.; Clist, B.; éd. – Aux origines de l'Afrique centrale. Libreville: Centre culturel français de Libreville, CICIBA, p. 253-256.

CARTE GEOLOGIQUE DU CONGO BELGE ET RUANDA-URUNDI: FEUILLE THYSVILLE S. 6/14 [Document cartographique]/ Commission de géologie du Ministère des Colonies – échelle 1:50000. – 1958.

CUVELIER, J. 1953. Relations sur le Congo du Père Laurent de Lucques (1700-1717). Bruxelles: Institut Royal Colonial Belge. 357 p. (Section des sciences morales et politiques, Mémoire in-8°, Série historique; t. XXXII fasc. 2).

CUVELIER, J.; JADIN, L. 1954. L'ancien Congo d'après les archives romaines, 1518-1640. Bruxelles: Académie Royale des Sciences Coloniales. 600 p. (Section des sciences morales et politiques, Mémoire in-8°, Série historique; t. XXXVI fasc. 2).

DENBOW, J. 1990. Congo to Kalahari: data and hypotheses about the political economy of the western stream of the Early Iron Age. African Archaeological Review. 8, p. 139-176.

DENBOW, J. 1991a. Preliminary report on 1991 archaeological reconnaissances on the Congolese coast, Report prepared for Congolaise de Développement Forestier (CDF), Unité d'Afforestation Industrielle du Congo (UAIC) and Shell Oil. 7 p.

DENBOW, J. 1991b. Progress report on the Congo Archaeology Project: 1991. University of Texas. 10 p.

ERVEDOSA, C. 1980. Arqueologia angolana. Lisboa: Edições 70. 444 p.

FROMONT, C. 2008. Under the Sign of the Cross in the Kingdom of Kongo: Shaping Images and Molding Faith in Early Modern Central Africa. Thèse de Doctorat, Harvard University. 372 p.

FROMONT, C. 2009. Icônes chrétiennes ou symboles kongo? L'art et la religion en Afrique centrale au temps de la Traite, XVII$^e$-XVIII$^e$ siècles. Les Cahiers des Anneaux de la Mémoire. 12, p. 47-60.

FU-KIAU KIA BUNSEKI-LUMANISA, A. 1969. Le Mukongo et le monde qui l'entourait (N'Kongo ye nza yakun'zungidila: nza-Kôngo). Kinshasa: Office National de la Recherche et du Développement. 179 p.

GUTIERREZ, M. 2008. Recherches archéologiques en Angola. Préhistoire, art rupestre, archéologie funéraire. Paris: L'Harmattan. 231 p.

HEIMLICH, G. 2010a. Un archéologue au Congo, un webdocumentaire produit avec Le Monde.fr et ARTE Radio.com. [En ligne]. [Consultation 23 mai 2012]. Disponible au WWW:_URL: http://www.lemonde.fr/congo_.

HEIMLICH, G. 2010b. Lower Congo rock art revisited. Nyame Akuma. 74, p. 42-50.

HEUSCH, L. de 2000. Le roi de Kongo et les monstres sacrés, Mythes et rites bantous III. Paris: Gallimard. 424 p.

HILTON, A. 1985. The Kingdom of Kongo. Oxford: Oxford University Press; New York: Clarendon Press. 319 p.

JANZEN, J.M. 1995. La quête de la thérapie au Bas-Zaïre. Paris: éditions Karthala. 287 p. (Collection Hommes et Sociétés).

JANZEN, J.M.; MACGAFFEY, W. 1974. An anthology of Kongo religion: primary texts from Lower Zaïre. Lawrence: University of Kansas. 163 p.

MACGAFFEY, W. 1986. Religion and Society in Central Africa: the Ba-Kongo of Lower Zaire. Chicago: University of Chicago Press. 295 p.

MARET, P. de 1972. Etude d'une collection de céramiques protohistoriques du Bas-Zaïre. Mémoire de Licence, Université Libre de Bruxelles.

MARET, P. de 1982. Rock art. In Noten, F. Van, éds. – The Archaeology of Central Africa. Graz: Akademische Drück- u. Verlagsanstalt, p. 97-99.

MARET, P. de 1986. The Ngovo Group: an industry with polished stone tools and pottery in Lower Zaïre. The African Archaeological Review. 4, p. 103-133.

MARET, P. de 1994. Archaeological & Other Prehistoric Evidence of Traditional African Religious Expression. In Blakely, T.D.; Beek, W.E.A. van; Thomson, D.L.; éds. – Religion in Africa: Experience and Expression. London: James Currey Publishers; Portsmouth: Heinemann Educational Books, p. 183-195.

MARET, P. de 2002. Urban Origins in Central Africa: the case of Kongo. In Sinclair, P.; éds. – The Development of Urbanism in Africa from a Global Perspective. Uppsala: Uppsala Universitcit, Institutionen för arkeologi och antik historia, Afrikansk och jämförande arkeologi.

MARET, P. de 2005. From Pottery Groups to Ethnic Groups in Central Africa. In Stahl, A.; éds. – African Archaeology: A Critical Introduction. Malden, Oxford: Blackwell, p. 420-440.

MARET, P. de 2006. What to expect in excavating the Kongo Kingdom capital. In Wotzka, H.-P.; éds. – Grundlegungen. Beiträge zur europäischen und afrikanischen Archäologie für Manfred K.H. Eggert. Tübingen, p. 319-328.

MARET, P. de; STEINER, P. 1999. Excavations in the upper levels at Gombe and the early ceramic industries in the Kinshasa area (Zaïre). In Smolla, G.; Hermann, F.-R.; Schmidt, I.; Verse, F.; éds. – Festschrift für Günter Smolla. Wiesbaden: Selbstverlag des Landesamtes für Denkmalpflege Hessen, p. 477-486.

MARTINEZ-RUIZ, B. 2007. Flying Over Dikenga: The Circle of New Life. In Mullen Kreamer, C.; Nooter Roberts, M.; Harney, E.; Purpura, A.; dir. – Inscribing Meaning: Writing and Graphic Systems in Art History. Washington: Smithsonian National Museum of African Art; Milan: 5 Continents, p. 186-194.

MARTINEZ-RUIZ, B. 2009. Kongo Atlantic Body Language. In Performance, art et anthropologie. Colloque international organisé par Caterina Pasqualo et Arnd Schneider au musée du quai Branly (« Les actes »). [en ligne]. [Consultation 22 avril 2012].

Disponible au WWW:_URL: http://actesbranly.revues.org/462_.

MORTELMANS, G. 1959. Préhistoire et protohistoire du Bas-Congo Belge, une esquisse. Trabalhos de Antropologia e Etnologia. XVII, p. 329-344.

MORTELMANS, G. 1962. Archéologie des grottes Dimba et Ngovo (région de Thysville, Bas-Congo). In Mortelmans, G.; Nenquin, J.; dir. – Actes du IV$^e$ Congrès panafricain de préhistoire et de l'étude du quaternaire, Léopoldville 1959. Tervuren: Musée royal de l'Afrique centrale, p. 407-425. (Annales Série in 8° Sciences humaines; 40).

MORTELMANS, G.; MONTEYNE, R. 1962. La grotte peinte de Mbafu, témoignage iconographique de la première évangélisation du Bas-Congo. In Mortelmans, G.; Nenquin, J.; dir. – Actes du IVe Congrès panafricain de préhistoire et de l'étude du quaternaire, Léopoldville 1959. Tervuren: Musée royal de l'Afrique centrale, p. 457-485. (Annales Série in 8° Sciences humaines; 40).

MUNCK, J. De 1960. Les grottes et les roches gravées du Bas-Kongo. Ngonge Kongo: Carnet d'Histoire et de Littérature. 3, n. p.

MUNCK, J. De; RAYMAEKERS, P. 1960. Un voyage au Kongo dia Ntotila. Ngonge Kongo: Carnet d'Histoire et de Littérature. 3, n. p.

MUNCK, J. De; RAYMAEKERS, P. 1961, « Dessins & Gravures rupestres dans le complexe de Lovo », Ngonge, Carnet de Sciences Humaines. 10, n. p.

MUNCK, J. De; BOSSCHE, J. Vanden; MOORSEL, H. van 1959. Gravures et peintures dans la grotte de Mvangi. Brousse. 12, p. 7-21.

MUNCK, J. De; MOORSEL, H. van 1961a. Un rapport destiné à la Commission pour le classement des sites, monuments et meubles de facture indigène. Ngonge, Carnet de Sciences Humaines. 10, n. p.

MUNCK, J. De; MOORSEL, H. van 1961b. Un rapport destiné à la Commission pour le classement des sites, monuments et meubles de facture indigène (Suite & Fin). Ngonge, Carnet de Sciences Humaines. 10, n. p.

RANDLES, W.G.L. 1968. L'ancien royaume du Congo des origines à la fin du XIX$^e$ siècle. Paris, La Haye: Mouton & co. 275 p. (Civilisations et Sociétés; 14).

RAINERO, R. 1972. Il Congo agli inizi del Settecento nella relazione di P. Luca da Caltanissetta. Firenze: La Nuova Italia. 478 p.

RAYMAEKERS, P.; MOORSEL, H. van 1964. Lovo, contribution à l'étude de la protohistoire de l'Ouest Centrafricain. Léopoldville: édition de l'Université de Léopoldville. 22 p.

SANTISSIMO SACRAMENTO, D. DEL – Relación del Viage de Guinea que hiço el Padre Fray Diego del Sactissimo Sacramento, con sus compañeros fray Diego de la Encarnacion y fray Francisco Indigno. Año de mill y quinientos y ochenta y tres [Manuscrit]. 1583. Disponible à la Biblioteca Nacional de Madrid, Espagne. 89r-111v.

SALVATORE, A. 2003. P. Bernardo da Gallo: un apostolo dimenticato. Foggia: Curia Provinciale dei Cappuccini. 293 p. (Archivio storico dei Frati Minori Cappuccini di Foggia; 11).

SEVERI, C. 2007. Le principe de la chimère, une anthropologie de la mémoire. Paris: éditions rue d'Ulm / Musée du quai Branly. 370 p. (Collection Æsthetica).

THORNTON, J. 1977. Demography and History in the Kingdom of Kongo, 1550-1750. The Journal of African History. 18: 4, p. 507-530.

THORNTON, J. 1983. The Kingdom of Kongo: Civil War and Transition, 1641-1718. Madison: University of Wisconsin Press. 193 p.

THORNTON, J. 2001. The Origins and Early History of the Kingdom of Kongo, c. 1350-1550. The International Journal of African Historical Studies. 34: 1, p. 89-120.

THOMPSON, R.F.; CORNET, J.; NATIONAL GALLERY OF ART (U.S.) 1981. The four moments of the sun: Kongo art in two worlds. Whashington, D.C.: National Gallery of Art. 256 p.

TSHILUILA, Shaje 1986. À la mémoire des ancêtres: le grand art funéraire Kongo, son contexte social et historique. Thèse de Doctorat, Université Libre de Bruxelles.

TUCKEY, J.K. 1818. Narrative of an expedition to explore the river Zaïre, usually called the Congo, in South Africa, in 1816. London: John Murray. 498 p.

VANDENHOUTE, J. 1973. De begraafplaats van Ngongo Mbata (Neder-Zaïre), opgravingsverslag en historische situering, katalogus, deel II-III. Mémoire de Licence, Rijksuniversiteit Gent.

VANSINA, J. 1963. Notes sur l'Origine du Royaume de Kongo. The Journal of African History. 4: 1, p. 33-38.

VANSINA, J. 1965. Les anciens royaumes de la savane. Les états des savanes méridionales de l'Afrique centrale des origines à l'occupation coloniale. Léopoldville: Institut de recherches économiques et sociales. 250 p.

VANSINA, J. 1982. The Four Moments of the Sun: Kongo Art in Two Worlds by Robert Farris Thompson; Joseph Cornet. African Arts. 16: 1, p. 23-96.

VANSINA, J. 1994. Antécédents des royaumes kongo et teke. Muntu. 9, p. 7-49.

WANNYN, R. 1961. L'art ancien du métal au Bas-Congo. Champles par Wavre: éditions du vieux planquesaule. 96 p. (Les vieilles civilisations ouest-africaines).

WING, J. Van 1959. Etudes Bakongo; sociologie, religion et magie. Bruges: Desclée De Brouwer. 512 p. (Museum Lessianum, Section missiologique; 39).

# LA SIDERURGIE DIRECTE EN COTE D'IVOIRE: L'ETAT DE LA RECHERCHE

T. Hélène KIENON KABORE, Kouakou Sylvain KOUASSI

Université de Cocody Institut des Sciences Anthropologiques de Développement (ISAD) BP V 34
tkienon@yahoo.fr

**Resume**: *Les recherches ces dernières années ont relevé une richesse indéniable en sites de la sidérurgie directe sur une grande partie de l'étendue du territoire de la Côte d'Ivoire. En effet, les vestiges archéologiques de cette industrie sidérurgique ont été signalés aussi bien en zone de forêt qu'en région de savane avec des restes divers allant des vestiges d'extraction et de réduction aux restes d'objets en fer. L'approche de cette industrie sur ces deux zones pose des problématiques différentes et complémentaires à la fois, au niveau de la chronologie, de l'antériorité des aires technologiques, des diffusions des techniques et de la diversité des richesses technologiques etc.*

*Cependant, les données des industries sidérurgiques anciennes des deux zones qui pourraient donner des résultats scientifiques importants et décisifs pour la compréhension de la transition du néolithique à l'âge du fer et le début de ce dernier en Côte d'Ivoire, restent absentes des débats internationaux et des recherches scientifiques jusqu'à une date récente, période de la reprise des recherches sur cette thématique par le Département d'Archéologie de l'ISAD.*

*En effet, depuis 2002, le programme sur l'histoire des techniques a été mis en place pour parer entre autres aux insuffisances de recherches sur cette thématique et aborder de façon générale l'histoire des techniques anciennes en Côte d'Ivoire. Le projet de recherche sur la métallurgie ancienne du fer fait parti de ce programme. Il a été mis en place par le Département d'Archéologie de l'ISAD, l'Institut de Préhistoire de Neuchâtel, l'Université de Fribourg en Suisse et financé par la Fondation Suisse-Liechtenstein pour les Recherches Archéologiques à l'étranger (SLSA) et le Programme d'Appui Stratégique à la Recherche Scientifique (PASRES). Les premières approches de terrain ont permis de faire des avancées scientifiques importantes sur l'histoire de la sidérurgie directe en Côte d'Ivoire.*

**Mots clés**: *Sidérurgie directe, Métallurgie, Fer Industrie, Technique*

**Abstract**: *Research these last years recorded an undeniable wealth of sites of the direct iron and steel industry on most of extended of the territory of Côte d'Ivoire. Indeed, the archaeological vestiges of this iron and steel industry were announced as well in forest zone as in savanna area with various remains going from extraction and reduction vestiges to the remains iron-made objects. The approach of this industry on these two zones poses different and complementary problems at the same time, on the level of the chronology, anteriority of the technological surfaces, diffusions of the techniques and diversity of technological richnesses, etc.*

*However, these iron and steel industries of the two zones which could give significant and decisive scientific results for the comprehension of the transition from the Neolithic era to the iron age and the beginning of this one in Côte d'Ivoire, remain absent in international debates and scientific research until a recent date, period of the resumption of research on this set of themes by the Department of Archaeology of the ISAD.*

*Indeed, since 2002, the program on the history of the techniques was set up to avoid inter alia the insufficiencies of research on this set of themes. The research project on the ancient metallurgy of iron, set up by the Department of Archaeology, the Institute of Prehistory of Neuchâtel and the University of Freiburg in Switzerland, financed by the Swiss Foundation – Liechtenstein for Archaeological Research abroad (SLSA) and the PASRES (Strategic Program of Support to Scientific Research) made it possible to make significant scientific projections on the history of the direct iron and steel industry in Côte d'Ivoire.*

**Key words**: *direct Iron and steel industry, Metallurgy, Iron Industry, Technology*

## 1. INTRODUCTION

Les recherches sur la sidérurgie directe du fer en Côte d'Ivoire a pris un retard considérable sur les autres pays de la région ouest africaine comme le Burkina Faso, le Mali, le Sénégal etc. Il était important pur nous, spécialiste de la métallurgie ancienne du fer, de relever le défi de la recherche sur cette thématique qui revêt un intérêt scientifique, patrimonial et historique important. Lors du colloque de Ouagadougou en 2008 sur le thème « développements culturels et technologiques pendant le Premier millénaire en Afrique de l'Ouest » nous présentions l'état de la recherche en Côte d'Ivoire sur la sidérurgie directe. A cette période, nous ne disposons que de données documentaires sur différentes régions dont nous avons pu cerner grâce aux recherches dans les archives.

A l'état actuel de nos recherches, des avancées importantes ont été faites sur cette thématique en Côte d'Ivoire qui ont permis de cerner l'ampleur du phénomène de l'industrie métallurgique du fer, de localiser les zones de production, de mettre en place un véritable programme de recherche en collaboration avec des universités étrangères Européennes.

Pour percevoir les différentes étapes de l'état de la recherche après une première approche qui a débuté en 2002, nous allons présenter notre argumentation en deux parties:

– Le contexte de la recherche;

– Les résultats de la recherche.

## 2. LE CONTEXTE DE LA RECHERCHE

Il est important, pour suivre l'évolution de la recherche sur la thématique de la sidérurgie directe en Côte d'Ivoire, de remonter au contexte de la recherche. Il permet de comprendre certains aspects et d'analyser les acquis de façon objective.

Notre projet de recherche a débuté en 2002 lors de la mise en place des programmes de recherche de l'Institut des Sciences Anthropologiques de développement (ISAD) créé en 2001. L'avènement de l'ISAD a été une chance pour la discipline archéologique en Côte d'Ivoire qui, depuis les années 1990 subit une crise importante due au manque de financement et au retrait des chercheurs Français en fin des années 1980. Ceux-ci constituaient l'essentiel des intervenants étrangers sur le terrain archéologique ivoirien, leur départ a été suivi d'un retrait des financements français qui constituaient l'essentiel des fonds de recherches archéologiques à cette période.

En effet, la naissance de l'ISAD a entrainé la création de quatre départements dont celui du département d'archéologie sous le modèle des universités nord américaines. Il constitue l'un des rares départements d'archéologie de notre région ouest Africaine. Les archéologues ivoiriens trouvaient ainsi un cadre d'expression et d'épanouissement de la recherche et de la discipline archéologique en côte d'Ivoire. En 2002, le département mettait en place les différents programmes et laboratoires de recherche, dont le laboratoire d'histoire des techniques avec le programme « Métallurgie du fer et société en Côte d'Ivoire ». Dés le début de la mise en place des objectifs du programme de recherche nous nous sommes confrontée de façon récurrente aux manques de moyens financiers, matériels et humains.

Nous nous sommes ainsi orientés vers les recherches documentaires en ces débuts du lancement du programme, laissant ainsi le temps de trouver une solution au problème financier afin d'engager les travaux de terrain. Ces recherches documentaires ont permis de cerner l'ampleur du phénomène en Côte d'Ivoire et de mettre ainsi en place les différentes méthodes de recherche de terrain. En effet, cette approche a révélé à travers les archives et certains écrits scientifiques, une grande richesse en sites de la sidérurgie ancienne qui se localise sur toute l'étendue du territoire au niveau de la zone forestière, pré-forestière et savanicole. Ainsi donc, tenant compte des résultats des recherches documentaires, le programme mis en place nous permettait de prendre en compte tout l'ensemble du pays en découpant celui-ci en 9 régions principales sur lesquelles intervenaient des étudiants de maîtrise dans le cadre de leurs différents projets de recherche. Plusieurs d'entre eux devaient faire des investigations sur la thématique de la sidérurgie directe mais les problèmes de financement vont ralentir la dynamique de cette recherche.

A ce moment précis se posait un problème important qui demandait que nous mettions en place une véritable stratégie de recherche de fonds, au risque de suspendre le programme de recherche sur la sidérurgie directe. En 2002, la crise politique était déjà à son comble et les priorités de l'Etat ivoirien était tout autre que la recherche universitaire encore moins les recherches archéologiques qui, avant cette crise armée, ne bénéficiaient d'aucun financement de l'Etat.

Il était nécessaire pour nous de chercher d'autres sources de financements qui pourraient garantir les coûts des recherches archéologiques souvent très élevés. La crise armée débutée en 2002 était un véritable frein à la recherche de partenariat et de financement. Les laboratoires européens et américains que nous avons contactés afin de mettre en place des partenariats de recherche entre pays du nord et du sud n'ont pas donné de réponses satisfaisantes. Les archéologues étrangers étaient très intéressés de travailler en Côte d'Ivoire sur cette thématique à peine entamée, mais ils se méfiaient du contexte socio politique de crise. Dans ce climat de crise où l'archéologie ne faisait pas partie des priorités de l'Etat, le projet sur la métallurgie ancienne du fer ne pouvait se mettre en place. De 2002 à 2005, la crise était telle que, le département était obligé de mettre l'accent sur l'enseignement et la structuration des nouveaux laboratoires créés plutôt que sur les recherches de terrain où la situation sécuritaire se dégradait sur une grande partie du territoire, surtout dans le nord du pays.

La structuration des laboratoires de recherche et la mise en place des programmes ont permis de prendre le temps au niveau de la recherche de financement. La relance des recherches des sources de financement a débuté en 2006 dans un contexte socio politique un peu plus apaisé qu'en 2002. A partir de 2009, une collaboration entre le Laténium, parc et musée d'archéologie de Neuchâtel, le musée du Houet de Bobo-Dioulasso au Burkina-Faso, le musée des Civilisations de Côte d'Ivoire et le département d'archéologie de l'ISAD de l'université de Cocody, pour une exposition de vestiges archéologiques suisses et Africains, va sceller le début d'une collaboration scientifique importante et fructueuse. Celle-ci va se tisse rentre le département d'archéologie de l'ISAD de l'Université de Cocody et deux universités suisses, celle de Fribourg (Département de Géosciences / Archéométrie) et de Neuchâtel (Institut de Préhistoire) en collaboration avec le laboratoire d'archéologie de l'université de Ouagadougou. En effet, en 2009 l'Ambassade de la Confédération Suisse en Côte d'Ivoire organise au Burkina Faso et en Côte d'Ivoire une exposition itinérante dont le thème est « un peu plus lointain un peu plus proche ». On a pu constater les similitudes des cultures anciennes africaines et suisses permettant ainsi de lancer cette collaboration scientifique entre chercheurs suisses et ivoiriens pour l'étude des sociétés anciennes ivoiriennes par l'archéologie.

En Février 2010, la collaboration entre universités suisses et le département d'archéologie se concrétise avec la mise en place et le financement du projet « Origine et développement de la métallurgie du fer au Burkina-Faso et en Côte d'Ivoire ». Le financement est assuré par deux structures différentes. Se sont, la SLSA (La Fondation Suisse-Liechtenstein pour les recherches archéologiques à l'étranger et le PASRES (Le Programme d'Appui Stratégique pour la Recherche Scientifique) qui est un programme financé par le Fond Ivoiro-Suisse de Développement Economique et Social (FISDES).

Ce Financement va être le levier des premières recherches de terrain sur la sidérurgie directe en Côte d'Ivoire. En effet, le projet démarre en 2010 et prends en compte plusieurs aspects académiques et scientifiques. Tous les étudiants de troisième cycle du Département d'archéologie sont membres du projet. Celui-ci a prévu également un échange d'étudiants entre l'université de Neuchâtel (Institut d'Archéologie) et ceux du département d'archéologie de l'ISAD. Cet échange d'étudiants nord-sud, permet aux ivoiriens, surtout ceux qui font des recherches sur la sidérurgie, de bénéficier des pratiques de laboratoire et des méthodes de terrain encore plus fines dont nous ne pouvons leur offrir en Côte d'Ivoire. Dans ce cadre, deux de nos étudiants résident actuellement à l'université de Neuchâtel où ils bénéficient chacun d'une bourse de stage de la fondation Suisse-Liechtenstein pour les recherches archéologiques à l'étranger. Des étudiants suisses font également des recherches en Côte d'Ivoire sur la métallurgie ancienne du fer mais abordent les aspects anthropologiques et ethnologiques. En effet, au plan scientifique, les sujets sur la sidérurgie directe dans le cadre du projet abordent ces différents aspects, permettant ainsi d'avoir une vue d'ensemble sur cette thématique. Un des volets importants de ce projet de recherche sur la sidérurgie est la formation de nos étudiants (suisses, ivoiriens et burkinabè) sur les chantiers de fouilles africains ouverts au Burkina et en Côte d'Ivoire en collaboration avec les chercheurs suisses de l'université de Fribourg du département de Géoscience et de l'Institut de Préhistoire de Neuchâtel.

Ce contexte de recherche va permettre d'avoir des résultats sur la sidérurgie directe qui permettront de faire une avancée importante dans la connaissance de la répartition des sites métallurgiques du fer et la méthodologie à mettre sur pied pour les recherches de terrain et les analyses de laboratoire.

## 3. LES RESULTATS DE LA RECHERCHE SUR LA SIDERURGIE DIRECTE

A l'état actuel de la recherche, les résultats obtenus nous permettent d'avoir une idée de l'ampleur de la métallurgie ancienne du fer sur la sphère de la Côte d'Ivoire. Cependant, les recherches sont à leur début et nous ne pouvons que donner des résultats partiels des données de terrains qui sont essentiellement basées sur la politique de prospection. Les premières recherches menées ont permis de mettre au jour plusieurs zones de productions de la sidérurgie directe selon les vestiges découverts sur le terrain. Se sont la sidérurgie de la zone forestière, pré-forestière et la zone savanicole. Les vestiges de ces régions permettent de comprendre la nécessité d'une étude complémentaire des sites archéologiques des différentes zones afin de répondre aux problématiques d'ensemble posées.

### 3.1. La zone forestière et pré-forestière: Des indices favorables pour l'étude des origines de la sidérurgie directe en Côte d'Ivoire

Les différents vestiges archéologiques découverts sur ces zones lors des recherches sont divers et permettent, de prime à bord, d'affirmer que la Côte d'Ivoire a été une localité d'une grande production de la sidérurgie directe dont les traces découvertes renferment toutes les étapes de cette industrie ancienne, allant de l'extraction du minerai de fer au restes d'objets finis.

Dans la zone forestière et pré-forestière, les vestiges découverts présentent dans la plupart du temps de gros blocs de scories dont les structures de réduction, comme les fourneaux, sont détruites et rarement trouvées en bon état de conservation. Se sont le plus souvent de gros amas qui ont quelques fois laissé certains amateurs de la période coloniale perplexes et pleins de doutes quant aux auteurs, compte tenu de la quantité des vestiges laissés en place.[1] Les aspects extérieurs des vestiges ferraient penser à une zone de production plus ancienne que celle du nord de la Côte d'Ivoire où, les vestiges de réduction comme les fourneaux trouvés lors des prospections sont, dans la majorité des cas, encore bien conservés et d'aspect moins anciens que ceux de la zone forestière et pré-forestière. Il est vrai que les vestiges des zones forestières humides se conservent très mal cependant un autre indice à prendre en compte quant à l'ancienneté des industries de cette partie de la Côte d'Ivoire est l'antériorité des vestiges par rapport à la plus part des populations installées sur cette zone. En effet, sur la sphère Akan de l'est et du centre, ainsi qu'une grande partie de l'ouest du pays, les populations sont étrangères aux nombreux vestiges et immenses blocs de scories laissés sur place dans les forêts et sur les côtes du sud du pays.[2] Pour une vue plus complète et eu égard au retard de la Côte d'Ivoire, des étudiants en thèse sur cette thématique font également des recherches sur l'ensemble de ces régions afin d'arriver à des analyses complémentaires des données des différentes zones identifiées.

---

[1] Kienon-Kabore, T.H. 2009 « La métallurgie ancienne du fer en Côte d'Ivoire: Etat des connaissances et perspectives de recherche. » Journal of African Archaeology Monograph Series Vol. 2.

[2] Kienon-Kabore, T.H. 2006, Problématique de la métallurgie ancienne du fer sur la sphère Akan de Côte d'Ivoire. *Godo Godo N°16.*

*Figure 1 – Reste de vestiges sidérurgiques à Toumodi*

*Figure 2 – Parois de touilles à Toumodi*

La région de Toumodi qui fait partie du « V Baoulé »[3] est également une zone spécifique et intéressante au plan scientifique pour l'étude des origines de la sidérurgie directe en Côte d'Ivoire. C'est une aire de transition forêt savane où ont été découverts des scories de fer des tuyères d'aspect ancien (Figs 1 et 2) et des vestiges lithiques dits du néolithique (Figs 3 et 4). Cette partie du centre de la Côte d'Ivoire pourrait aider à la compréhension de la transition du néolithique à l'âge du fer et ainsi nous fournir peut être des datations anciennes sur la production de la métallurgie ancienne du fer. En effet, elle occupe une position idéale au point de vu archéologique et environnemental pour l'étude du début du processus de néolithisation et le passage du néolithique au début de l'âge du fer. De nombreuses découvertes lors des travaux de terrain montrent bien que la zone de Toumodi est très riche en sites préhistoriques et protohistoriques et occupe également une position environnementale favorable à l'installation de l'homme. Cette aire géographique correspond en effet à un milieu naturel varié au plan géologique, floristique et botanique favorable à l'invention de ces industries anciennes. Cela est dûen grande partie à une position de transition climatique entre un climat équatorial chaud et humide tout au long de l'année et un climat subtropical beaucoup plus tranché et une transition botanique entre la forêt dense humide semi-décidue et les savanes soudano-guinéennes.[4]

L'un des objectifs de ce projet de recherche sur la sidérurgie directe est en effet la recherche d'une chronologie de la production métallurgique du fer en Côte d'Ivoire. Les datations obtenues sur des sites sidérurgiques dans une stratigraphie bien définie sont inexistante set constituent ainsi une faille importante pour l'argumentation d'ensemble dans notre pays et plus élargi dans la région ouest africaine où les révolutions au niveau de la métallurgie du fer ignorent les frontières. Les autres pays de la région ouest africaine ont des données de datation, même si elles sont insuffisantes permettent d'avoir un contexte pour une orientation et une compréhension même partielles des recherches.

La recherche d'une chronologie dans ce projet ne répond pas uniquement à une recherche des origines mais également à comprendre l'évolution de cette technique pour découvrir les changements, les emprunts, et les influences sur l'environnement à travers le temps.

---

[3] La région de Toumodi fait partie d'un vaste ensemble environnemental du centre de la Côte d'Ivoire, qui a intéressé les chercheurs de diverses disciplines à cause de ses spécificités géographiques, géologiques, botaniques, et floristiques. Cet ensemble est constitué par la zone médiane dénommée « V Baoué » et les zones aux abords des deux branches du « V » constitue à lui seul une unité biogéographique qui est une véritable province botanique occupant environ 25.000 km² et s'introduisant en coin entre les blocs forestiers de l'est et de l'ouest.

[4] Avenard, J.M.; Bonvallot, J.; Latham, M.; Renard-Dugerdil, M.; Richard, J.: « Le contact forêt –savane en moyenne Côte d'Ivoire » *Annales de géographie*. N° 453- LXXXIIème année, Septembre-Octobre 1973.

*Figure 3 – Haches polies de la région de Toumodi provenant des sites métallurgiques*

*Figure 4 – Racloirs de la région de Toumodi près des restes sidérurgiques*

La zone forestière et pré-forestière renferment des vestiges en majorité détruites et rendent difficile la reconstitution des techniques sidérurgiques qui fait partie de l'un de nos objectifs de recherche en plus de la recherche d'une chronologie. Les restes sidérurgiques de la région nord de la Côte d'ivoire fournissent un cadre archéologique intéressant quant à la reconstitution et à la compréhension des techniques sidérurgiques anciennes dans notre pays.

### 3.2. La région nord de la Côte d'Ivoire: un contexte archéologique favorable à l'étude pour la compréhension et la reconstitution des techniques sidérurgiques anciennes

Les études menées sur cette partie de la Côte d'Ivoire ne nous permettent pas de tirer des conclusions définitives sur la répartition spatiale et les caractéristiques des vestiges archéologiques de la métallurgie ancienne du fer.

En effet, le nord de la Côte d'Ivoire est un vaste ensemble qui comporte plusieurs régions.

A l'état actuel de nos recherches, la région de Korhogo dans le nord a pu être prospectée et a permis de tirer des conclusions partielles. La bonne conservation des vestiges de cette zone ne signifie donc pas qu'il ne soit pas possible de découvrir à un moment donné des vestiges qui pourraient donner des datations anciennes. Cependant force est de constater que les sites archéologiques découverts ont des aspects beaucoup moins anciens que celle des zones forestières et pré-forestières. Cette région sidérurgique de la Côte d'Ivoire a été un centre important de la production ancienne du fer citée par les traditionnistes et certains administrateurs coloniaux. Les nombreux vestiges laissés par cette activité métallurgique témoignent de la diversité et de la richesse de cette technique sidérurgique ancienne.

Les vestiges découverts sont nombreux et présentent un intérêt certain pour la connaissance des techniques utilisées jadis sur cet espace. On peut citer entre autres, les puits d'extraction, les fourneaux de réduction directe qui donnent des informations importantes sur les modes d'exploitation à la mine, les types de minerai, les types de fourneaux, les modes de réduction etc. Les villages de la région de Korhogo qui ont pu être prospectés et étudiés sont ceux de Flanakaha, Koni, Kawao, Kantara, Nawavogo ou Dokélédougou et Poungbè (site de Kadjolo 1, 2, 3 et 4). L'approche des métallurgies de ces différentes localités a révélé plusieurs traditions métallurgiques sur un rayon de près de 75 km.

Au niveau des vestiges d'extraction du minerai de fer, nous avons découvert des puits d'exploitation à ciel ouvert sur des plateaux et plaines et des puits circulaires à galeries sur les montagnes et collines aux sommets cuirassés respectivement à Kawao et à Poungbè. (Fig. 5). Ces deux sites ont été des centres importants d'extraction pour les forgerons de nombreux villages voisins et lointains qui venaient extraire des minerais réputés pour leur bonne qualité de réduction. Ils sont le plus souvent très proches des sites de réduction du minerai de fer et répondent ainsi à un souci de rentabilisation de la production métallurgique.

Les vestiges de réduction de minerai de fer sont de loin les plus nombreux découverts dans la région de Korhogo sur plusieurs localités différentes. Les premières approches de ces restes ont permis de découvrir qu'il existe plusieurs traditions métallurgiques reparties sur différentes zones. Celles-ci se perçoivent en grande partie à travers les formes des fourneaux, les répartitions spatiales de l'aire de réduction etc. Les six villages au sein desquels ont été découverts les sites renferment treize sites de réduction du fer au total avec des similitudes et des particularités. Il est encore tôt, à l'état actuel des investigations de localiser de façon certaine les différentes traditions métallurgiques, mais il est possible pour l'instant de dégager les particularités de chaque localité.

Les sites métallurgiques de réduction de ces six villages qui sont distants les uns des autres de plusieurs kilomètres ont des formes tronconiques avec quelques différences au niveau des bases. En effet, ceux de la région de Koni, de Kawao (Fig. 6) qui se trouvent dans la même zone sont de formes tronconiques avec des bases moins évasées. Les fourneaux des régions de Pounbgè et de Nawavogo situées dans la même localité sont de formes tronconiques avec des bases un peu plus larges et le plus souvent pourvues de quatre piliers pour renforcer la structure du fourneau (Fig. 7). Les diamètres de ces fourneaux varient entre 1 m et 1.50 m.

*Figure 6 – Fourenau de la zone de Koni*

*Figure 5 – Site d'extraction du minerai de fer*

*Figure 7 – Fourneau de la région de Nawavogo*

Des différences se notent également dans la construction du corps du fourneau. Nous avons dénombré trois types. Se sont: l'utilisation d'argile avec lissage du corps accompagné d'enduit (Koni, Nawavogo, Katanra et Poungbè), l'utilisation de mottes d'argiles renforcées avec des tuyères de réduction récupérées (Katanra) et l'utilisation de fragments de corps du fourneau dans la structure du Fourneau (Poungbè) (Figs 8, 9, 10). La technique de lissage du corps du fourneau avec de l'argile est souvent utilisée sur les différents sites de réduction ou en association avec les autres modes de confection du corps du fourneau.

*Figure 10 – Utilisation de tuyère dans la structure du fourneau*

*Figure 8 – Fourneau de Nawavogo, lissage du corps avec de l'argile*

*Figure 9 – Fourneau de Poungbè, lissage et utilisation de fragment de fourneau*

Une différence fondamentale notée est l'organisation spatiale de l'aire de réduction. Dans ces différentes régions sidérurgiques on dénombre trois types d'organisation.

Dans la région de Koni, nous avons découvert un type d'organisation de l'aire de réduction. La surface de réduction est constituée d'un seul fourneau central entouré de plusieurs amas de scories. On suppose donc que les métallurgistes ont utilisé un fourneau pour plusieurs réductions du minerai de fer occasionnant l'entassement des gros amas de scories tout autour du fourneau.

Au niveau de la zone de Nawavogo et de Poungbè, il existe une autre organisation de l'espace de réduction. Sur chaque aire de réduction, des dizaines de fourneaux sont alignées sur une ligne droite de près de 55 m environ de long au minimum (Fig. 11). Les scories de réduction suivent l'alignement des fourneaux. On suppose que se sont des réductions de minerai de fer par batterie. L'étude des structures sur le site a permis de comprendre la répartition des vestiges. Les fourneaux sont souvent des structures d'une hauteur d'environ 1,30 m au maximum avec un diamètre allant de 1m à 1,50 m. Les embrasures sont au nombre de trois sur chaque fourneau situées tous du côté est du fourneau avec une porte qui se localise quant à elle au côté ouest du fourneau de réduction. Les embrasures sont deux fois plus petites que la porte orientée côté ouest. Les dimensions des portes varient entre 30 à 74 cm de longueur et 30 à 40 cm de hauteur. Les amas de scories sont de deux types sur le site et sont alignés parallèlement aux fourneaux de réduction. L'analyse a révélé que les petits morceaux de scories alignés au côté est des fourneaux sont extraits des embrasures est du fourneau alors que les gros blocs formant les gros amas sont quant à eux issus des portes situées aux côtés ouest qui sont de grandes dimensions. Si on s'en réfère à l'organisation de ces espaces de réduction, la répartition des déchets de réduction sans les structures de réduction peut nous apprendre sur l'orientation des fourneaux et l'organisation de l'ère de réduction. Sur la plus part de nos terrains de recherche on

*Figure 11 – Alignement de fourneaux*

est souvent en face de tas d'amas de scories sans les fourneaux de réduction et les bases qui restent ne sont pas souvent facilement analysables pour en extraire des données conséquentes afin de reconstituer les techniques de réduction. L'étude des déchets de réduction en place peut nous aider à la compréhension des structures et des aires de réduction.

Le dernier type d'organisation de l'aire de réduction que nous avons pu observer se situe dans le village de Katanra à quelques sept kilomètres au sud de la frontière du Mali. Sur ce site nous avons observé un alignement en cercle de près de huit fourneaux de réduction entourés de tas d'amas de scories. Le site a été malheureusement perturbé par le lotissement du village.

Les recherches sur la sidérurgie ancienne ont depuis des décennies mis l'accent sur les origines et la chronologie de cette industrie. Les volets techniques ont également été abordés mais méritent d'être accentués pour la connaissance et la sauvegarde des techniques anciennes. Les vestiges en bon état de conservation sont importants pour la connaissance des techniques anciennes. L'étude de la sidérurgie dans la longue durée permet de répondre à toutes ces problématiques historiques et patrimoniales. Les études sur la sidérurgie directe sont à leur début en Côte d'Ivoire. Les premières approches permettent d'avoir une idée générale afin de mettre en place de véritables perspectives de recherches et aborder ainsi les questions fondamentales posées.

## 4. CONCLUSION

Les premières approches de terrain sur la sidérurgie directe en Côte d'Ivoire montrent bien que le pays a abrité une importante industrie métallurgique du fer. L'existence de plusieurs zones de production est une chance pour la recherche sidérurgique car elles permettront de répondre à des problématiques complémentaires qui devront être pris en compte dans les perspectives à venir. Les résultats de ces recherches de terrain ont permis de programmer des fouilles pour le mois de janvier 2013 sur les sites de la région de Korhogo avec des chercheurs suisses, Burkinabè et ivoiriennes. Cette collaboration des équipes européennes et africaines va permettre d'avoir des résultats scientifiques importants et introduira ainsi la Côte d'Ivoire dans le débat scientifique mondial. Mais il est important de programmer des fouilles archéologiques sur les zones de forêts et pré-forestières dans les régions qui renferment des sites sidérurgiques importants afin de comparer les données scientifiques.

Les analyses des données sidérurgiques du nord de la Côte d'Ivoire ont révélé également certaines similitudes avec les métallurgies anciennes du fer des pays frontaliers comme le Burkina-Faso et le Mali. Ces pays sont très avancés en recherche sur la thématique de la sidérurgie directe. Une confrontation des données de recherche avec celles de ces différents pays permettront de répondre à des problématiques qui transcendent les frontières internationales.

## Bibliographie

AVENARD, J.M.; BONVALLOT, J.; LATHAM, M.; RENARD-DUGERDIL, M.; RICHARD, J. 1973. « Le contact forêt – savane en moyenne Côte d'Ivoire » *Annales de géographie*. N° 453-LXXXII$^{ème}$ année- Septembre-Octobre 1973.

BOCUM, H. (Sous la direction de) 2002. *Aux origines de la métallurgie du fer en Afrique. Une ancienneté méconnue. Afrique de l'Ouest et Afrique Centrale*. Edition UNESCO, 2002, 240p.

FOFANA, L. 1993, Problématique de la métallurgie ancienne du fer en Côte d'Ivoire précoloniale. *West African Journal of Archaeology (WAJA)*, imprints of West Africa's Past, pp. 257-276, 1993.

KIENON-KABORE, T.H. 2003. *La métallurgie ancienne du fer au Burkina-Faso: Province du Bulkiemdé. Approche ethnologique, historique, archéologique et métallographique. Un apport à l'histoire des techniques en Afrique*. Edition Harmattan, 328 p.

KIENON-KABORE, T. Hélène 2006. Problématique de la métallurgie ancienne du fer sur la sphère Akan de Côte d'Ivoire. *GodoGodo* N° 16, pp. 1-19.

KIENON-KABORE, T.H. 2009. « La métallurgie ancienne du fer en Côte d'Ivoire: Etat des connaissances et perspectives de recherche. » Journal of African Archaeology Monograph Series Vol. 2.

KIÉTHÉGA, J.B. 1996. *La Métallurgie lourde du fer au Burkina-Faso*. Doctorat Es Lettres et Sciences Humaines, Université de Paris I Sorbonne, TI, TII, 802p.

THIOMBIANO-ILBOUDO, F.E. 2010. *Les vestiges de l'occupation Humaine ancienne dans la province du Gurma. Des origines à la pénétration coloniale. (Cas de Kouaré et de Namoungou)*. Thèse de Doctorat Unique, Université de Ouagadougou, Burkina-Faso, 664 p.

# THE MUSEUMS AND THEIR ROLE IN THE PROTECTION OF AFRICAN HERITAGE: THE CASE OF BOUBOU HAMA NATIONAL MUSEUM IN NIGER

Sofia FONSEC and Esther GIL

Teiduma, Cooperación Cultural

sofiafonseca@teiduma.com    esthergil@teiduma.com

**Abstract**: *All countries should fix the protection and management of cultural heritage as a strategic priority aiming to contribute to social and economic development. Nowadays, there is a broad consensus that culture reinforces identity and cohesion and contributes to improve creativity, reinforcing group values and contributes to a peaceful coexistence between societies.*

*The National Museum Boubou Hama (MNBH) in Niamey is a key institution to protect and spread Niger's rich heritage. It is a public institution with a long history (it opened in 1959 and is considered one of the first African Museums), a centre of cultural revitalization of the city of Niamey and is very appreciated by the population. Using MNBH and its relationships with other scientific institutions in the country, we will present some considerations about the Museums and their role in the protection of African heritage.*

**Keywords**: *Africa, Heritage, Museum. Culture*

**Resumé**: *La protection et la gestion du patrimoine culturel devrait être désigné par tous les pays comme une priorité stratégique qui vise à contribuer au développement social et économique. Aujourd'hui, c'est un fait suffisamment prouvé que la culture apporte à la société non seulement un élément identitaire mais aussi soulève des facteurs comme la créativité, le renforcement des valeurs et contribue à une coexistence pacifique entre les sociétés.*

*Le Musée National Boubou Hama (MNBH) a Niamey, c'est une institution-clé dans la tâche de protection et diffusion du riche patrimoine du Niger. Institution publique avec une longue histoire (inauguré en 1959 il est considéré une des premières Musée en Afrique), il est un centre de revitalisation culturelle de la ville de Niamey très apprécié par la population. À partir du modèle du MNBH, et ses liens avec d'autres institutions scientifiques du pays, on présent quelques considérations sur les Musées et son rôle dans la protection du patrimoine africain.*

**Mots-clés**: *Afrique, Patrimoine, Musée. Culture*

## 1. INTRODUCTION

The specialised technical work realized by Teiduma-Cooperación Cultural at the National Museum Boubou Hama (MNBH), in Niger, in the areas of archaeology and palaeontology, has provided us with great knowledge of the overall picture of the country research in these two areas. It also allowed us to identify the institutions which should execute the scientific research and study in archaeology and palaeontology, and make sure it is widely publicized.

According to all the consulted sources the main problems faced by paleontological and archaeological research in Niger are: the absence of infrastructures (laboratories, suitable storerooms and Museums structures), insufficient scientific formation and lack of field experience of human resources, and the non-application of the existing heritage protection legislation. As a result of these weaknesses research is externalized in an "out of Niger" effect, where materials are first studied and presented on the outside.

Moreover, it appears that these factors also contribute to the serious problem of archaeological heritage pillage suffered by the region. As a sad example, we just have to go back to the 1993 exhibition of "*Vallée du Niger*" that brought to light the amazing cultures of the river Niger region, and the stealing that followed it, unfortunately something that also happened in other countries in West Africa. Through the case study of MNBH, we will examine how a strong articulation between different cultural institutions is essential to ensure the preservation and presentation of cultural heritage.

## 2. THE MNBH

The National Museum Boubou Hama (MNBH) was founded in 1959, due to the effort of two men: Pablo Toucet, a French archaeologist and Boubou Hama, a Niger's politician and men of culture. Located in the heart of Niamey, the capital city of Niger, it currently occupies an area of 24 hectares divided between pavilions (ethnography, archaeology, palaeontology, traditional clothes and music), a craftsmen workshop, a garden and a zoo. This "miscellanea" makes of MNBH a very special and unique place with a strong personality and identity: le *Musée Insolite*, de Toucet (1972: 204). Toucet himself explained, in 1963, what he thought was the principal feature of the MNBH:

*"We believe, most sincerely, that the idea of a popular museum, such as the one we have set up in Niamey, is well worthwhile. We have made no attempt to imitate the great museums of Europe and America, since that was beyond our means, from every point of view. We have created a museum commensurate with our possibilities".*

*Figure 2 –* Djerma tissues*: craftsmen in one of the hangars were they produce with traditional methods, expose and sell their work. (Copyright: Teiduma, with the permission of MNBH)*

*Figure 1 – The costume pavilion of MNBH: the architecture is another special features of the museum and one of its identity marks. (Copyright: Teiduma, with the permission of MNBH)*

The main objective of the Museum was *"(...) to attract the people of Niger and enlist their interest in the museum's work, and at the same time to illustrate characteristic features of the country"* (Toucet, 1963: 190). Another concern during the foundation was *"(...) preventing the disappearance of the traditional techniques used by Niger craftsmen and of making the beauty and originality of their work known. And it is in persuance of this policy that we have had weavers, blacksmiths, potters and shoemakers set up their workshops in the open-air museum, filling it with life and interest"* (Toucet, 1963: 190).

These preoccupations are still present today and one the museum's strong points is still its proximity with the population. The craftsmen area is one of the most interesting and visited areas of the Museum.

Nowadays, the museum continues to adhere to these objectives, being a popular open-air museum, with a great number of daily activities, responding to the needs of Niamey population. But we can say that a new challenge has arrived to the MNBH as institution: its role as protector of Niger's heritage.

During the last decades the archaeological and palaeontological heritage of Niger has been enriched by many new discoveries that have made it one of the most important research areas of the sub-region. What role should have the MNBH in this new scenario? What should in general the African Museums be able to offer to the protection, divulgation and defence of African heritage? Is it really possible to ask of institutions like the MNBH to assume this role all by themselves? Are there other institutions, like Universities or research centres in Africa that can be partners in this difficult task?

## 3. NIGER HERITAGE AND ITS CHALLENGES

### 3.1. Palaeontology

Niger, a Western Africa country with more than 1.267.000 km², has one of the largest dinosaur fossil records of the African continent, with 46 species (the same number as Egypt) according to the Register of Paleobiology Database[1] led by John Alroy, from California University. The Niger register is only surpassed by South Africa (161 species), Tanzania (with 152 species) and Morocco (95 species).

In 1973 Niger became the first African country to exhibit in a Museum a dinosaur fossil, the *Ouranosaurus nigeriensis*, discovered by Ph. Taquet, starting the country tradition in palaeontological research (fig. 3).

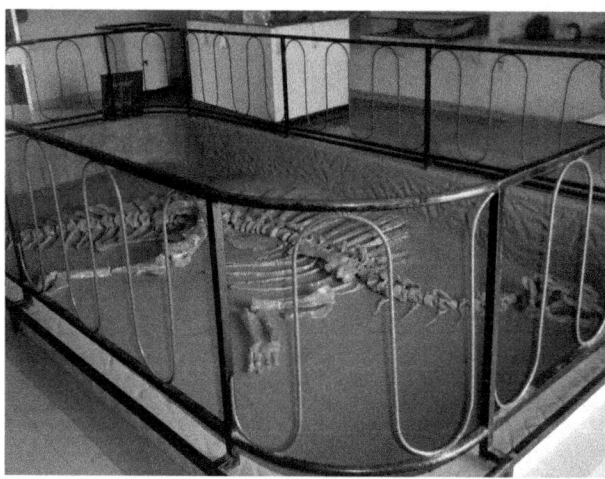

*Figure 3 – Original fossil of* Ouranosaurus nigeriensis *(110 million years), in exhibition since 1973 at the MNBH. (Copyright: Teiduma, with the permission of MNBH)*

---

[1] http://paleodb.org/-bin/bridge.pl

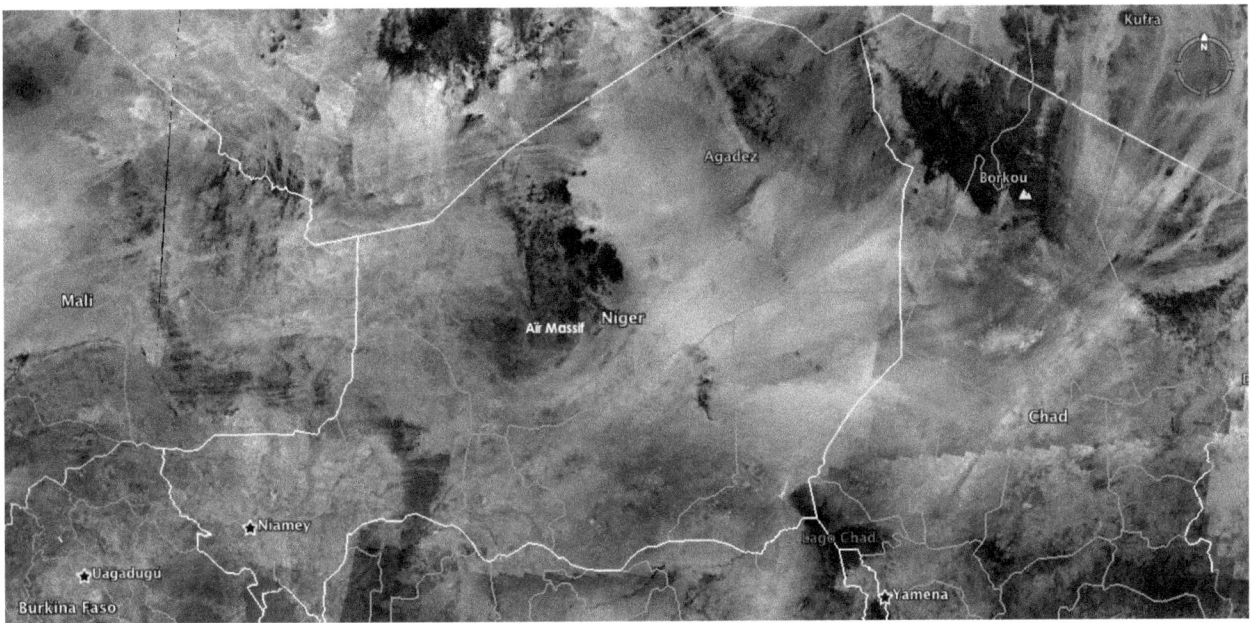

*Figure 4 – Map of Niger with the localisation of Agadez, the Aïr Mountain and the actual capital of the country, Niamey. (Satellite image from Google maps)*

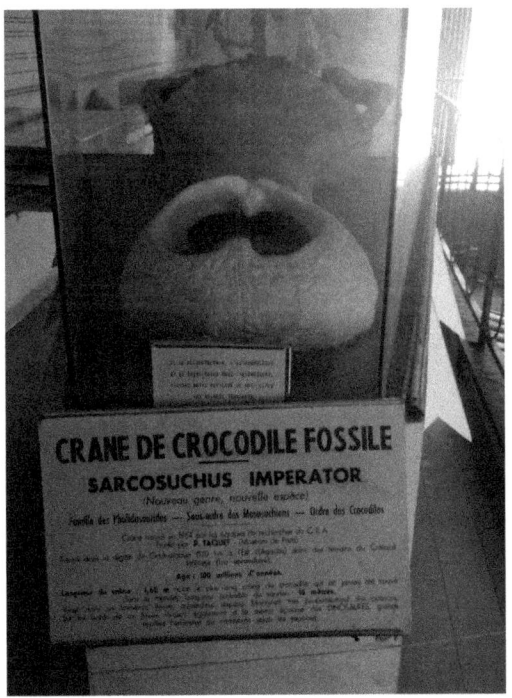

*Figure 5 – Sarcosuchus Imperator (100 million years), found by Ph. Taquet in 1966, at Gadafoua in Agadez region, it's another original fossil present in the MNBH. (Copyright: Teiduma, with the permission of MNBH)*

Divided between a Sahelian and a Saharian region, Niger has its more important palaeontological sites in the south and southeast, in the region of Agadez and in the Aïr Massif.

Since the 1970s until now, the research has been mostly carried out by international teams with the participation of Niger investigators. Some of the most important discovers of the last years were made by the PALDES project (Remes *et al.* 2009), from Elche Palaeontological Museum (Spain), which found a new Sauropoda, and by Paul Sereno from the University of Chicago, that has found more than 10 different species in Niger desert.

Nowadays there are more than 100 palaeontological sites identified in Niger (Maga, 2007), especially in Agadez region, that include specimens from the crocodilian family (Sereno and Larsson, 2009), Theropoda and Sauropoda dinosaurs (Sereno and Brusatte, 2008; Sereno *et al.* 2009) and Pterosaurs specimens.

### 3.2. Archaeology

In the archaeological field, Niger is a reference to the West and North African regions due the incredible richness of its archaeological legacy (Ide, 2009). Sites such as Tagalagal, Adrar Bous or Gobero, from the Neolithic period, are crucial to the understanding of the Sahara desert evolution and occupation. The rock sites of the Aïr and Djado massifs are mythical places for the African archaeologists and the Bura sites in the river Niger valley are references for the historical periods of the region.

In the history of archaeological research in Niger we must mention the work of the international programs developed with the support of the Institut de Recherche en Sciences Humaines of the Niamey University, such as the "Emergency Archaeological Program" that took place in Niger in the region of In Gall – Tegidda-n-Tesemt and around the site of Azelik between 1977 and 1981; and the "Azawagh Valley Program", which studied from the Neolithic to the present day, and which was the continuation of the first project. In more recent years, it is of note the safeguarding programme of the magnificent

Dabous giraffes, directed by Coulson, Campbell and Cloutes (Campbell and Coulson, 1999).

The discovery of the Gobero site by the University of Chicago team, led by Paul Sereno, placed Niger as the centre of the research in the central Sahara (Sereno, 2008). Gobero is the oldest, largest and best-preserved Sahara necropolis. Dated from 7700 till 6200 BC, with two different moments of occupation by two different groups of individuals, Gobero is a crucial site to the understanding of human adaptation to arid climates.

But despite all this heritage wealth, only a small part can be appreciated in the MNBH due to: internal financial problems that made impossible the renovation and actualization of the Museum exhibits (the last renovation of the exhibits are dated to the 80s); and external problems related to national politics, and concerns over heritage management. These two main factors have prevented the study and exhibition of the research results in Niger and have been the reason why so many of the archaeological objects and palaeontological specimens are outside Niger (under the agreements with universities and foreign research centres).

Despite the current deficiencies that we can detect in the MNBH, Niger heritage should be represented in the national Museum. We do believe that the MNBH collections are distinct from other African Museums by two main reasons:

— MNBH is one of the few museums in West Africa with an exhibition of palaeontological specimens. It was the first Museum that exposed an original dinosaur fossil to the public in Africa, which exemplifies the historical trajectory of MNBH in research in this area;

— The MNBH has one of the oldest ceramics in the world: Tagalagal ceramics (Echallier, 1986). This is an exceptional resource of great scientific universal value that must be strongly emphasized.

## 4. INTERNATIONAL CULTURAL COOPERATION AND THE MNBH

What does it mean in Niger, to work for the preservation, study and diffusion of cultural heritage in a sustainable way? As seen above, the main deficiencies in the palaeontological and archaeological research refer to a number of factors that must be corrected, related to legal, material and capacity building aspects.

Therefore, a strategy and sustainable work includes:

— A permanent training program in order to generate a sufficient number of technicians and responsible for heritage management in Niger;

— Improve the infrastructures for the conservation, study and exhibition of collections;

— Application of principles for heritage protection at all levels.

Nowadays, the Sahelian region is very unstable due to the latest events related with kidnapping of foreigners in different countries, directly affecting the fieldwork by foreign research teams. This has led to a halt in fieldwork in both archaeological and palaeontological areas. As we have seen, local institutions have an insufficient number of human and material resources, and they are unable by themselves to do research.

The current process of internal renewal of MNBH, must be completed with an institutional strengthening strategy at local and international levels, to position MNBH as a key player in the palaeontological and archaeological fields and maximize the resources and the potential of its collections.

At the national level we believe it is essential to strengthen the links with the MNBH scientific reference and senior partner, the Institut de Recherche en Sciences Humaines (IRSH). In Niger the archaeological and palaeontological research is directed by the IRSH, an institution connected to Niamey University. The MNBH is the responsible for the exhibition and popularization of the collections, not for research. The separation that exists between these two institutions, MNBH and IRSH, as a result of the law of the patrimony (n° 97-022 30 June 1997), creates sometimes a disconnection that is not very practical. The IRSH concedes the permissions to the research and fieldwork and is also the responsible of all the materials collected by the expeditions. In fact it's a research institution created to make the bridge between the theoretical formation, that take place in the University, and the practical one in the field. All the national and international teams working in Niger must have IRSH authorization and support. If the IRSH doesn't concede permits to the MNBH to exhibit the new results and materials found in Niger's territory, even if only temporarily, the museum is unable to do so.

The research conducted by the IRSH in the areas archaeology and palaeontology, has a very academic profile, and for this reason is not very accessible to the public. Therefore, an institution like the MNBH, which is open and very close to the society, is crucial for interpreting and communicating the results of these investigations to the public, making it part of the common heritage. It would be useful to establish a protocol between the two institutions, allowing detailed conditions for sharing information, materials and encouraging joint production projects, such as publications and exhibitions.

Also, the MNBH should enhance relationships with other cultural national partners, f.; or example regional museums, but also with players in other areas which can be complementary, like the local media. This association will be useful to promote the museum activities to the populations and schools and to reinforce the museum educational and social dimension.

On the other hand, MNBH's international strategy should be oriented through the active involvement in African regional networks of museums and heritage institutions, as WAMP and AFRICOM. A membership in specialized agencies in this area of the world, such as ICOM, could also be interesting to participate and follow the actual international discussions on museology, cultural heritage and social participation. MNBH's inclusion in the international circuit to host international exhibitions and other cultural events of interest would not only enhance the prestige of the institution but also generate income for the Museum.

To complete our approach we would like to propose some aspects in which international cooperation can play a role in the development of heritage study and protection in Niger:

– To encourage agreements between universities for training local specialists; particularly those universities that have already historical relations with the museum and its collections. In addition to training activities, they can carry out various exchanges and collaborations (publications, exhibitions and specialist exchanges);

– To provide funds to improve research and exhibitions infrastructures; the cultural dimension of development has been supported with greater intensity by national and international donors than just a few decades ago;

– To support the establishment of networks with other cultural institutions worldwide (seminars, joint publications and others).

**Bibliography**

CAMPBELL, A.; COULSON, D. 1999. The Dabous Giraffes Project, Níger. The Diggins Stick. vol. 16, 1: 1-3.

ECHALLIER, J.C. & ROSET, J.-P. 1986. La céramique des gisements de Tagalagal et de l'Adrar Bous 10 (Aïr, République du Niger): résultats des analyses. ORSTOM, Cah. Sci. Hum. 22, 2: 151-158.

GADO, B.; MAGA; A.; IDE, O. 2000. La situation de la recherche archéologique au Níger en 1999. In Nang, M.; Gado, B.; [et al.] (ed), Le pillage des sites culturels et naturels au Niger, UNESCO.

IDE, O.A. 2009. L'état de l'archéologie au Niger. In Azania: Archaeological Research in Africa, 44, 1: 121-130.

HAOUR, A. 2003. One hundred years of archaeology in Niger. Journal of World Prehistory. Vol. 17, No. 2, June 2003: 181-234.

MAGA, A.I. 2007. Introduction à l'archéologie et paléontologie du Niger. Etudes Nigériennes, 60, L'Hers.

REMES, K. [et al.] 2009. A New Basal Sauropod Dinosaur from the Middle Jurassic of Niger and the Early Evolution of Sauropoda. PLoS ONE 4(9): e6924. doi:10.1371/journal.pone.0006924.

SERENO, P.C. [et al.] 1999. Cretaceous Sauropods from the Sahara and the Uneven Rate of Skeletal Evolution Among Dinosaurs. Science 286. 5443: 1342-1347.

SERENO, P.C.; BRUSATTE, S.L. 2008. Basal abelisaurid and carcharodontosaurid theropods from the Lower Cretaceous Elrhaz Formation of Niger. Acta Palaeontologica Polonica 53. 1: 15-46.

SERENO, P.C.; LARSSON, H.C.E. 2009. Cretaceous Crocodyliforms from the Sahara. ZooKeys. 28: 1-143.

SERENO, P.C. [et al.] 2008. Lakeside Cemeteries in the Sahara: 5000 Years of Holocene Population and Environmental Change. PLoS ONE 3 8: e2995:1.

TAQUET, PH.; RUSSELL, D.A. 1998. New data on spinosaurid dinosaurs from the Early Cretaceous of the Sahara. Comptes Rendus de l'Academie des Sciences, Serie II. Sciences de la Terre et des Planetes. 327, 5: 347-353.

TUCET, P. 1963. The National Museum of the Republic of Niger, Niamey. Museum. Paris. 16: 3, p. 188-196.

TUCET, P. 1972. Le Musée de Niamey et son environnement. Museum. Paris. 26: 4, p. 204-207.

# *WUYINKO* VERSUS *KAABUNKE*: TERRITORIALITE, DYNAMIQUE IDENTITAIRE ET TECHNIQUE DES MANDING EN SENEGAMBIE

Moustapha SALL

Département d'Histoire, Faculté des Lettres et Sciences Humaines,
Université Cheikh Anta Diop de Dakar, BP 5005, Dakar, Sénégal
moustaphsall@yahoo.fr

**Résumé**: *Les recherches menées dans le village d'Agnak (Casamance, Sénégal) chez les potières Soocé* Wuyinko *ont montré l'utilisation de techniques (dégraissant à base d'une recette spéciale et colombinage) différentes de celles habituellement observées en milieu manding. Originaires de la Guinée-Bissau et installés dans ce village au début de la guerre d'indépendance du PAIGC, ces Manding, aux contacts avec les Baynouk et Diola hôtes, ont adopté de tels comportements techniques pour se dépouiller de leur statut social (système hiérarchisé reposant sur les castes) hérité et ancré dans l'organisation sociale mandé. Pour mieux marquer cette territorialité diachronique et synchronique, les différents groupes Soocé, qui bien que partageant la même langue, ont recours à différentes appellations (*Wuyinko: *ceux du* Woyi *(Guinée-Bissau) par opposition aux* Kaabunké: *ceux du Gaabu).*

**Mots clés**: *Wuyinko, Kaabunké, statut social, territoire, contacts culturels, emprunt, innovation, dégraissant, colombinage, moulage*

**Abstract**: *Research conducted in Agnak village (Casamance, Senegal) among Soocé* Wuyinko *potters shown the use of techniques (temper with special recipe, and coiling) different from those usually observed in Mandingo society. Coming from Guinea-Bissau and settled in the village at the beginning of the independence war of the PAIGC, the Mandingo, after contacts with Baynouk and Diola hosts, have adopted such technical behaviors to change their social status (hierarchical system based on caste) inherited and anchored in the Mandésocial organization. To better mark this diachronic and synchronic territoriality, Soocé groups, which although sharing the same language, use different names (*Wuyinko: *those of* Woyi *(Guinea-Bissau) versus* Kaabunké: *those of Gaabu).*

**Key words**: *Wuyinko, Kaabunké, social status, space, cultural contacts, borrowing, innovation, temper, coiling, molding*

L'histoire des identités, des mouvements de populations et des espaces a fait l'objet de plusieurs approches et débats en archéologie et ethnoarchéologie (Kramer 1985, Costin 2000). Si pour de nombreux archéologues, les variations spatiales et temporelles des artéfacts récoltés en prospections ou en fouilles sont susceptibles de fournir des renseignements sur les mouvements de population ou les phénomènes d'assimilation et d'acculturation (Huffman 1982), pour d'autres l'établissement de liens causaux entre identités, styles et déterminisme environnemental demeurent complexes (Stiles 1977, Shennan 1989, Conkey & Hastorf 1990, Cruz 2011). Ainsi, les récentes recherches ethnoarchéologiques orientées vers la compréhension de l'histoire sociale des techniques ont montré le caractère diffus des frontières entre différents groupes (Lightfoot & Martinez 1995, Gosselain 2000, Sall 2005; 2009; 2010). En Sénégambie, les contacts entre les Manding (appelés Soocé dans cette partie de l'Afrique de l'Ouest) et les autres groupes autochtones (Sereer, Baynounk et Diola, entre autres) de la Sénégambie en offre un bon exemple.

Les actuels Soocé appartiennent aux « Mandingues de l'Ouest » qui se seraient installés en Sénégambie pendant les grandes migrations et conquêtes mandé entamées sous l'empire du Mali dès le XIII$^e$ siècle (Cissoko 1981, Diop A.S. 1978, Mané 1978, Wright 1985, Niane 1989, Barry 1998). Dans cette zone, ils ont surtout imposé l'usage de leur langue et un système fortement hiérarchisé. Cette segmentation, régie par des critères d'endogamie et d'hérédité et exportée vers plusieurs populations de Sénégambie, se traduit par une ségrégation sociale et artisanale. Cependant, l'ancrage dans ce système hiérarchiséet l'adoption d'un mode de production artisanale (poterie, entre autres) obéissent fortement à la territorialité. En effet, vers le XIV$^e$ siècle, les princes manding (*Guelwar*) qui se sont implantés en pays sereer (Centre-ouest du Sénégal) auraient négocié la détention du pouvoir en adoptant les coutumes locales (héritage matrilinéaire, langue) de ces populations accueillantes.

Cinq siècles plus tard, les mêmes comportements d'adaptation et de dynamisme ont été observés. Avec la guerre d'indépendance déclenchée par le PAIGC (Parti Africain pour l'Indépendance de la Guinée-Bissau) contre l'occupant portugais à partir de 1963, des familles entières manding se sont réfugiées dans des territoires baynouket diola (Casamance, Sénégal). Dans leurs nouveaux terroirs dispersés en Moyenne Casamance (le Pakao), elles ont repris leurs activités artisanales en se dépouillant du statut social jugé dégradant. Les hommes continuent d'exercer les métiers de la forge, du tissage et de la pêche, tandis que presque toutes les femmes s'adonnent à la poterie. Pour mieux marquer cette territorialité diachronique et synchronique, les différents groupes Soocé, qui bien que partageant la même langue, ont recours à deux appellations (*Wuyinko*: ceux du *Woyi*, Guinée-Bissau et *Kaabunké*: ceux du Gaabu).

Le but de cet article est de montrer toute l'ambivalence des frontières sociales et les capacités d'adaptation des populations manding dans les différents espaces de l'Afrique de l'ouest. A travers l'étude du travail de la poterie, il tente de comprendre comment les contacts entre les différents groupes se matérialisent par des négociations sociales, des emprunts et des innovations techniques.

## 1. POPULATIONS ETUDIEES

Le terme « Soocé », utilisé en Sénégambie, désigne un sous-groupe de la grande famille ethnolinguistique mandé, qui englobe plusieurs autres groupes dispersés dans toute l'Afrique occidentale. Cependant, il y a lieu de distinguer les actuels Soocé de ceux de l'époque protohistorique, qui sont considérés comme étant les plus anciennement établis dans la région. Ces premiers « Soocé » seraient originaires des zones centrales de l'ancien empire du Ghana (à cheval sur la Mauritanie actuelle, où sont localisés les sites de sa capitale Koumbi Saleh et sa ville commerçante Tegdaoust/Awdaghost, le Sénégal et le Mali). Ils auraient constitué le substrat local sur lequel seraient venues se greffer d'autres vagues migratoires pour former les actuels groupes sereer et wolof (Martin & Becker 1977).

En revanche, le groupe étudié est localisé sur la rive droite du fleuve Casamance. Mais on le retrouve en Gambie, en Guinée-Bissau et dans son foyer originel (Mali et Guinée-Conakry). Il est issu des « Mandingues de l'Ouest » (Cissoko 1981) qui se seraient installés en Sénégambie pendant les grandes migrations et conquêtes mandé dirigées par l'un des généraux (Tiramaghan Traoré) de l'empereur du Mali (Soundjata), à partir du XIIIe siècle. Les Manding, venus du cœur du Mali, auraient fondé progressivement le royaume du Gaabu au Sud et plusieurs petites principautés (Niomi, Badibu, Niani, Kantora, Kian, Kombo) autour du fleuve Gambie; ils se seraient aussi dispersés dans des territoires historiques intégrés dans l'actuelle Guinée-Bissau. C'est à partir d'une de ces zones (le *Woyi*) que les personnes étudiées seraient parties pour venir s'installer à Agnak (Casamance).

## 2. ZONE D'ETUDE

Le village d'Agnak est situé dans la Communauté rurale de Niaguis (région de Ziguinchor) au sud-ouest du Sénégal et à une vingtaine de kilomètres de la frontière bissau-guinéenne. Dans cette zone, il y a deux Agnak: Agnak Petit et Agnak Grand. Cette différenciation n'est pas subordonnée à la taille démographique des deux villages mais au contraire renvoie à l'ancienneté. En effet, Agnak Grand, localisé à un kilomètre de la route nationale, composé de quelques familles en majorité baynouk Gujahëer, serait le village originel d'où seraient partis certains fondateurs d'Agnak Petit, aujourd'hui très peuplé et cosmopolite avec une présence de plusieurs groupes (Baynouk, Diola, Soocé, Manjaques et autres).

Les traditions locales reconnaissent l'antériorité du groupe baynouk Gujahëer dont le territoire est à cheval entre le Sénégal et la Guinée-Bissau. Ce groupe aurait accueilli et cédé des terres aux Diola Fogny qui s'y seraient réfugiés à partir du XIXe siècle, suite aux fréquentes guerres d'islamisation du Fogny (territoire Diola s'étendant de la rive gauche du fleuve Casamance à la rive droite du fleuve Gambie) conduites par Fodé Kaba (marabout et guerrier manding). A partir de 1963 (début de la guerre d'indépendance en Guinée-Bissau), le même groupe (Baynouk) a confirmé sa tradition d'hospitalité envers les Soocé originaires des villages (Tinboŋ, Manbonkoŋ, Mansabaŋ, Simbor, Kusaraŋ, Biribaŋ, Waaliyaa, Bagadaaji, Mansodee, Kodee, Kayee, Moresiŋ (Morès) de la région historique du Woyi (Wèyi, Guinée-Bissau).

Ainsi ces différentes vagues successives de peuplement motivées par des conflits ont fait de ce terroir une zone de refuge et de négociations identitaires basée sur le partage des responsabilités. Les charges de chef de village sont toujours exercées par un des descendants des familles fondatrices (les *Mané, Kombo*),[1] alors que celles relatives à la religion (par exemple l'Islam) sont dévolues aux Soocé (les *Seydi*) (Figure 1).

## 3. DYNAMISME IDENTITAIRE

Les nombreuses études portant sur l'organisation sociale en milieu manding ont identifié un système hiérarchisé, avec une séparation basée sur une appartenance à des ordres socio-professionnels. Ainsi chez les Soocé de l'Ouest atlantique, on trouve les descendants de la haute noblesse ou *ñaanco*, des guerriers ou *korin* qui constituaient la majeure partie des armées et qui commandaient les provinces (Mané 1978). En-dessous de cette catégorie noble se situaient les hommes libres, qui avaient comme principales activités les travaux agricoles. Puis venaient les gens des castes ou *ñamaalo*, composés, d'une part, de forgerons (*numoo*), de cordonniers (*karanké*) et de tisserands et, d'autre part, de griots ou *jali*. Cependant, l'esprit endogamique original a beaucoup évolué avec le contact et l'impact des autres groupes culturels. Ainsi dans certains villages gambiens (comme Njacounda), on trouve le groupe des *Soula*, issu d'unions matrimoniales entre des princes et des gens de caste. Les membres de cette quasi-caste, qui apparemment ne font pas l'objet d'une endogamie au sein de ce sous-groupe manding, ne sont pas considérés comme faisant partis des gens de caste. Néanmoins, ils ont la possibilité d'exercer n'importe quel type d'activité artisanale (Sall 2012). Un second exemple de mobilité identitaire a été observé en milieu sereer (Centre-ouest du Sénégal) dès le XIVe siècle avec l'arrivée des princes manding Guelwar et leur suite composée d'artisans. En retraçant l'histoire de la

---

[1] Les traditions parlent d'un certain Ñantoŋ Maanee [Baynunka] qui a quitté Saŋaji pour fonderAgnak Grand. Bühnen (1994) abonde dans le même sensen avançant que le fondateur d'Añak Grand, est venu de Sangaji (Saŋaji). Il a reçu ses terres d'un certain Saajo ou. Ainsi les actuels patronymes (Maanee, Jandi, Jiŋali, Bajana et Biayi, Jaata et Jaasi) seraient issus des anciens lignages d'Añak Grand.

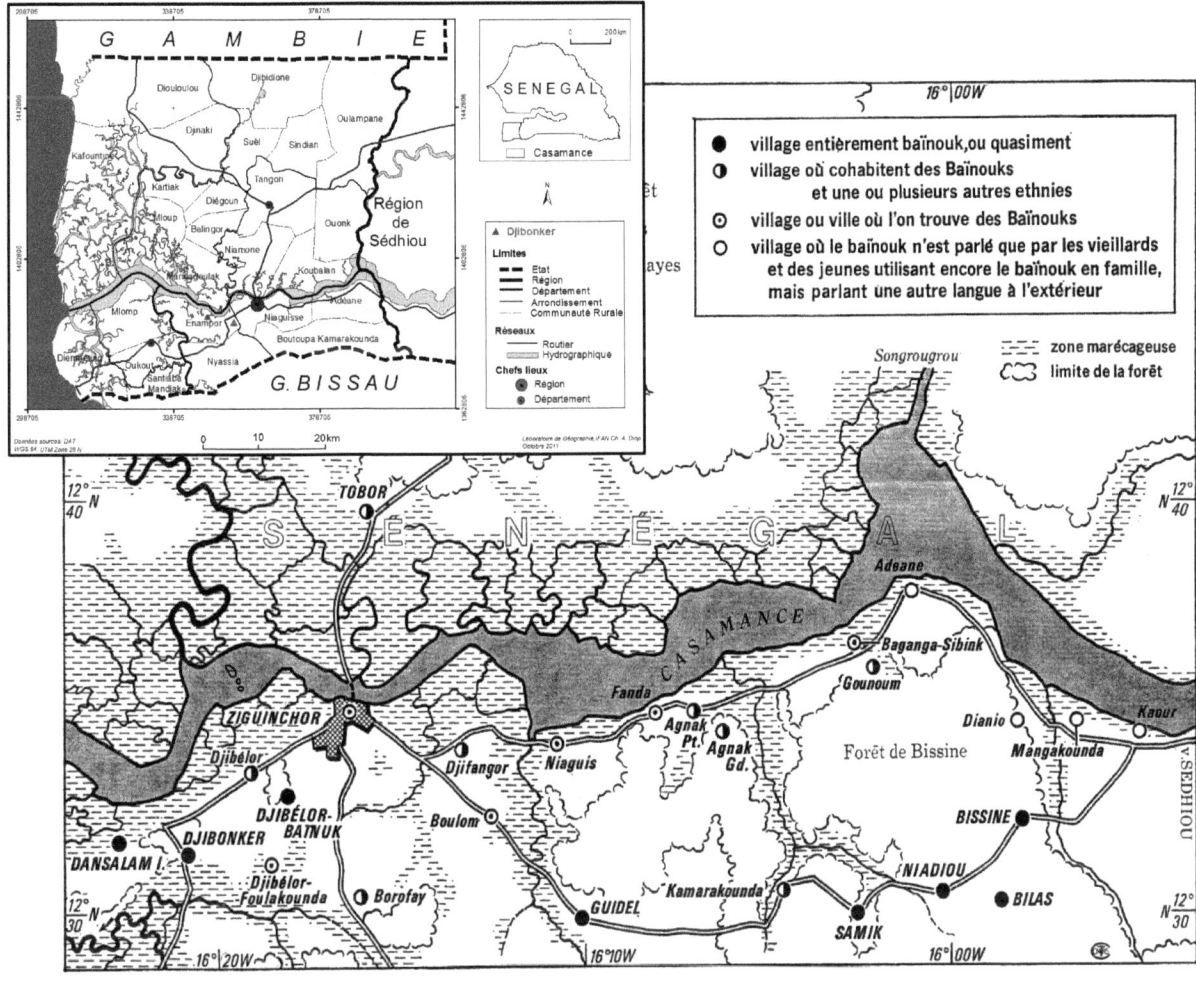

*Figure 1 – Zone d'étude (Carte retravaillée à partir des sources: Sauvageot 1973 et Bèye 2012)*

poterie dans cette zone, nos études antérieures, basées sur l'exploitation des données portant sur les forgerons en pays sereer (Pélissier 1966, Diouf 1983, Gravrand 1983), associée à l'étude des réseaux matrimoniaux existant entre les différentes castes, ont permis de démontrer l'abandon du travail artisanal par les premiers migrants 'castés' qui se seraient fondus dans la grande masse paysanne égalitaire sereer « *en se mariant dans presque toutes les familles* » (Diouf, M. 1983:291). L'absence de la technique du *moulage* chez les Sereer et, d'autre part, la pérennité de la pratique de la poterie, voire du *colombinage*, par les femmes des griots-sereer en sont une parfaite illustration (Sall 2005, 2009).

Le même phénomène a été observé dans le village d'Agnak Grand. Les familles Seydi, issues des migrations *Wuyinko* avec une origine de ségrégation sociale basée sur le travail artisanal, une fois implantées en milieu baynouk Gujahëer, se sont départies de ce statut social. Ainsi dans l'occupation de l'espace, on remarque l'existence d'un quartier (*Teemasuu*) où les deux premières grandes familles (*Seydikundaa*, chez les Seydi) ont été rejointes par d'autres (*Saajo, Janbaŋ*), toutes originaires de la Guinée-Bissau et qui exercent les activités liées à la forge, le tissage et la poterie. Elles sont séparées des autres groupes (Baynouk, Diola, Manjaques) par la route nationale mais se sont bien intégrées dans le système social local par le biais de liens matrimoniaux avec certains baynouk. Cette mutation de l'identité sociale a été facilitée par le fait que les sociétés accueillantes ne connaissent pas de systèmes de castes et une ségrégation sociale entre les personnes qui exercent les différentes activités (liées à la terre, à l'eau et à la production des biens). C'est ainsi que pour consolider ce nouveau statut social, les femmes ont adopté une technique de fabrication des poteries (*colombinage*) distincte de celle (*moulage*), utilisée par d'autres issues des migrations du XIIIe et spécialement de la sphère de l'ancien royaume du Gaabu fondé au XVIe siècle.

## 4. L'ACTIVITE POTIERE A AGNAK

Notre intérêt pour cette activité, dont les produits sont visibles par tout voyageur empruntant cette route, était motivé par la recherche de l'histoire de l'identité baynouk à travers la culture matérielle, en relation avec la langue et l'environnement.[2] Donc à l'origine, il s'agissait de voir si le groupe Baynouk Gujahëer continuait à produire de la poterie et d'étudier son évolution dans la longue durée à

---

[2] Les enquêtes ont été menées dans le cadre du projet « *Pots, Plants, and People. A documentation of Bainouk Knowledge System (3P)* », financé par la Fondation Volkswagen, à travers le programme DoBeS, pour la documentation des langues en danger.

*Figure 2 – Sources d'argile, méthode de collecte, dégraissant utilisé et préparation de la pâte*

partir de fouilles archéologiques dans le terroir. Malheureusement (à relativiser!) nos enquêtes n'ont répertorié qu'une seule potière (Aramata Diandy) se réclamant du groupe visé à l'origine (*Uled Gujaher*). Cependant, son intérêt réside dans le fait qu'elle est mariée avec un Soocé *Wuyinko* et travaille dans le même atelier que sa coépouse qui est du même groupe culturel que leur mari. Nos tentatives pour trouver d'autres artisans distincts des Soocé n'ont pas eu de succès. Cependant, les traditions portant sur les identités des premiers qui auraient exercé ce métier font référence à des femmes *Kasanko* (Diola Kassa), dont les maris étaient des pêcheurs, qui seraient les premières à introduire la poterie à Agnak. Ainsi les premières femmes Soocé *Wuyinko* (Binta Seydi, Musubaa, et Mama Daaboo) qui « *connaissaient déjà le métier* » l'auraient pratiqué dès leur arrivée et seraient les instructrices de nombreuses potières qui à leur tour l'ont transmis à l'actuelle génération. L'exploitation de ces réseaux d'apprentissage, bien que montrant une diversité des origines d'acquisition du savoir-faire des potières (Pirang en Gambie, Yofar, Manbonko et Mansaba en Guinée-Bissau), se traduit néanmoins par une homogénéité des comportements techniques.

## 5. CHAINE OPERATOIRE

Toutes les potières d'Agnak utilisent la même source d'argile (*Gumer*) située dans les étendues salines. Généralement, elles profitent de leurs déplacements pour ramasser les croutes salines qui après cuisson donneront du sel nécessaire à la cuisine et même commercialisé. Une fois sur les lieux, l'argile (*banco*) est exploitée en profondeur.

### 5.1. Pâte

Les potières utilisent comme dégraissant de la chamotte qui est souvent associé à une recette spéciale constituée de galettes obtenues à partir d'un mélange d'argile et de la paille de riz cuit (*teño*). La pâte (*bankuteñama*) est obtenue par marchage (*lukurobancudoro*) (Figure 2).

### 5.2. Façonnage

Toutes les potières observées utilisent la technique des *colombins superposés et pincés*. En débutant le façonnage, elles prennent une motte qui est roulée sur une planche lisse (*wala*) avec la paume de la main, formant ainsi un long colombin (*nakadigho*) qui est directement utilisé pour l'ébauchage. Celui-ci débute par le roulement en spirale du colombin, qui est pincé au fur et à mesure. A ce stade, la potière utilise un support (*luraŋo*) placé entre ses jambes. Arrivée au terme du colombin, elle roule à nouveau une motte pour former un autre. Le montage s'effectue par pincement du colombin entre le pouce et l'index, tandis que l'autre main, servant de support externe, est placée entre l'ébauche et le support. Après deux superpositions, elle procède au préformage par effacement externe des lignes de jointure avec son index replié. Cette action est suivie d'un raclage et lissage

*Figure 3 – Technique de façonnage, de préformage, de profilage de la lèvre et de fabrication du pied à couronne*

à l'aide d'une estèque (*maraŋo*). Les mêmes combinaisons sont répétées pour le montage de la panse et de l'épaule des grands pots et le façonnage du col (*kaghu*). Pour le profilage de la lèvre, la potière se sert d'une toile trempée dans de l'eau et posée à cheval sur l'ouverture tout en tournant le support dans le sens contraire de la rotation de sa main. Pour fabriquer le pied de couronne, qui se retrouve dans la majeure partie des petits pots ouverts, la potière prépare une couronne à partir d'un colombin qu'elle soude sur la base du pot avant de procéder au lissage avec une toile mouillée tout en tournant le support dans le sens contraire (Figure 3).

### 5.3. Décoration

Une fois le montage terminé et après un petit temps de séchage, la potière commence à décorer (*ñiñandiro*) en se servant soit d'une noix de palmiste pour effectuer un poinçonnage, soit de trois brindilles pour créer des motifs (*kaŋiniŋin*) ondulés sur l'épaule des grands pots (Figure 4).

### 5.4. Cuisson et Traitements post-cuisson

L'avant dernière étape consiste à cuire les pots, après un séchage de quelques jours. Ces derniers sont mis à profit pour la collecte du combustible (pétioles sèches de palmier et rônier, paille). La cuisson s'effectue à l'air libre dans un coin dégagé de la concession. La potière

*Figure 4 – Méthodes de décorations, outils et motifs*

forme un lit de bois sur lequel sont posés les pots et le tout est recouvert à nouveau de bois puis de paille. Après la mise à feu, elle rajoute au fur et à mesure du combustible. Les pots sont exposés au feu pendant trois à quatre heures. Quand ils sont jugés biens cuits, la potière, munie d'un pétiole de rônier, les retire un à un. Enfin elle procède aux traitements post-cuisson en les plongeant à chaud dans une décoction d'écorces, préalablement préparée (Figure 5).

*Figure 5 – Méthode de cuisson et traitements post-cuisson*

### 5.5. Produits

Les potières fabriquent des objets destinés au stockage de l'eau, à la cuisine, des encensoirs et des poids de filets (pêche). Pour ces derniers, leur taille dépend du type à pêcher. Ainsi on y retrouve ceux destinés aux crevettes et aux poissons de différentes tailles (moyens et gros) (Figure 6).

Tous ces produits sont exposés dans les concessions des potières et sur la route; ils sont commercialisés sur place et aussi dans les différents villages.

### 6. WUYINKO VERSUS KAABUNKE

Ces différents pots produits par les potières *Wuyinko* d'Agnak présentent les mêmes caractéristiques stylistiques (col) que ceux fabriqués par les autres Soocé *Kaabunké*. Cependant, les potières *Wuyinko*, très informées des techniques des autres groupes de la sous-région, reconnaissent des spécificités technologique « *(dégraissant coquillier chez les Kassa, chamotte chez tous les groupes manding) et stylistique (goulot chez les Kassa, rondeur de la panse chez les Mandinka)* ». A l'intérieur du grand groupe Soocé, elles ont 'inventé' comme dégraissant une recette spéciale composée d'argile et de paille de riz, adopté la technique *colombins superposés et pincés* (*dada*), pour se différencier des *Kaabunké* qui utilisent le *moulage sur forme concave* (*bumbunda*) (Figure 7).

Cette différenciation technique est importante à plus d'un titre et nous renseigne sur l'adaptation sociale et culturelle des Manding de l'Ouest. En effet, comme nous l'avions montré ailleurs (Sall 2012), les potières du village de Njacounda (Gambie) combinent, à la base, le *colombinage* et le *moulage*. Ce métissage technique trouve sa justification à travers les réseaux matrimoniaux, d'apprentissage (Wolof, Soocé, Soninké, Peul) et de mobilité sociale (soula, marabout).

Une comparaison à l'échelle sous régionale montre une forte association entre l'appartenance au vaste ensemble ethnolinguistique mandé (Soninké, Soocé, Bamana, Sarakollé), l'identité sociale (les artisans qui en avaient et qui en ont toujours le monopole appartiennent à la caste des forgerons – *Nùmu* en manding, *Tage* chez les Soninké) et l'utilisation de la technique du *moulage sur forme convexe*, dont le procédé consiste à former une

*Figure 6 – Types de produits confectionnés*

*Figure 7 – Technique Wuyinko (à droite) versus technique Kaabunké (à gauche)*

épaisse galette (à partir d'une motte) qui est posée par percussion sur la base d'un moule (Appiat-Dabit 1941, Corbeil 1946, Niakaté 1946, Rimbault 1980, Gallay 1992, Gallay *et al.* 1994, Frank 1993; 1998, Virot 1994, La Violette 1995, Gelbert 2000).

Ainsi, en admettant l'appartenance de ces artisans à la caste des forgerons et en se basant sur l'utilisation et la diffusion des techniques, on remarquera que, dans les zones où les Manding ont réussi à créer des entités politiques (en Haute-Casamance avec le royaume du Gaabu et en Gambie avec ceux du Niumi et Badibu) et surtout à imposer l'usage de leur langue, les traditions techniques sont identiques et/ou proches de celles que l'on observe en zone mandé, d'où ils sont originaires.

Si l'on accepte l'association entre identité manding, technique du moulage et expansion de la dite culture dans tout l'ouest africain, on s'attendrait logiquement à trouver à Agnak l'utilisation de cette technique. Contrairement à un tel scénario, le *colombinage* qui est utilisée dans cette zone est l'apanage des potières *Wuyinko* qui, bien que revendiquant une origine et une identité manding, se départissent du statut social, objet d'une répulsion, d'une endogamie et d'une hiérarchisation dans le grand ensemble mandé.

## 7. CONCLUSION

L'étude de la poterie à Agnak, un village multiculturel dont le processus de peuplement est fortement subordonné aux conflits en Sénégambie, a montré toute la dynamique des identités. Les comportements sociaux et techniques des potières *Wuyinko* montrent que les notions de perte d'identité, d'assimilation culturelle, vues sous l'angle de groupes dominants (Manding) et dominés (Baynouk et autres autochtones) restent relatives. En se dépouillant de leur statut social (castes) hérité et enraciné dans leur société, elles ont emprunté les techniques de façonnage des groupes hôtes tout en y ajoutant une signature particulière (galette d'argile et de paille utilisée comme dégraissant). Cependant, cette étude a montré aussi toute la complexité des liens entre, d'une partles rapports intrinsèques entre la langue et la technique et, d'autre part l'héritage technique entre les différents groupes de la Sénégambie. En effet, la technique des *colombins superposés et pincés* utilisée par les potières *Wuyinko* comme un des éléments de différenciation sociale avec les *Kaabunké* qui fabriquent leurs pots à partir du *moulage sur forme convexe*, est identique à celle observée chez les Diola Kassa d'Edioungou et de Diouwent (Oussouye). Si l'on fait abstraction des variantes, le colombinage couvre un grand espace qui s'étend du Centre-ouest jusqu'au Sud-ouest du Sénégal, en passant par la Gambie. Les populations (Sereer, Soocé, Baynouk, Diola Kassa et Fogny) qui l'utilisent auraient une très longue histoire de contacts et d'interactions culturelles. Nul doute que les recherches qui se poursuivent en Sénégambie permettront de mieux appréhender les processus de ces échanges culturels.

## Références

APPIAT-DABIT, B. 1941. « Quelques artisans noirs. I. La teinturière. II. Les Laobés. III. La potière ». *BIFAN* 3(3-4):1-44.

BARRY, B. 1998. *Senegambia and the Atlantic slave trade*. Cambridge: Cambridge University Press.

CISSOKO, S.M. 1981. « Introduction à l'histoire des Mandingues de l'Oues » t. *Ethiopiques* 28:73-91.

CORBEIL, R. 1946. « Quelques détails sur la fabrication des poteries indigènes à Siguiri ». *Notes africaines* 32:29-30.

COSTIN, C.L. 2000. "The use of Ethnoarchaeology for the Archaeological Study of Ceramic Production". *Journal of Archaeological Method and Theory* 7(4):377-403. Orlando: Academic Press.

CONKEY, M.W. & HASTORF, C. (eds). 1990. *The use of style in archaeology*. Cambridge: Cambridge University Press.

CRUZ, M.D. 2011. « Pots are pots, not people: material culture and ethnic identity in the Banda Area (Ghana), nineteenth and twentieth century's ». *Azania: Archaeological Research in Africa* 46(3):336-357.

DIOP, A.S. 1978. « L'impact de la civilisation manding au Sénégal. La genèse de la royauté gelwar au Siin et au Saalum ». *BIFAN* 40(B;4):689-707.

DIOUF, Made 1983. *Forgerons wolof du Kajoor; forgerons sereer du Siin et du Jeghem: de l'époque précoloniale à nos jours*. Thèse de doctorat de 3ᵉ cycle. Université de Paris I.

FRANK, B.E. 1993. "Reconstructing the history of an African ceramic tradition technology, slavery and agency in the region of Kadiolo (Mali)". *Cahiers d'EtudesAfricaines* 33(3):381-401.

FRANK, B.E. 1998. *Mande potters and leather-workers. Art and heritage in West Africa*. Washington & London: Smithsonian Institution Press.

GALLAY, A. 1992. « A propos de la céramique actuelle du delta intérieur du Niger (Mali): approche ethnoarchéologique et règles transculturelles ». In *Ethnoarchéologie: justification, problèmes, limites*. XIIᵉ Rencontres internationales d'Archéologie et d'Histoire d'Antibes, Juan-les-Pins: Edition APDCA.

GALLAY, A.; HUYSECOM, E. & MAYOR, A. 1994. *Peuples et céramiques du Delta intérieur du Niger*. Genève: Département d'Anthropologie et d'Ecologie de l'Université de Genève.

GELBERT, A. 2000. *Etude ethnoarchéologique des phénomènes d'emprunts céramique. Enquêtes dans les haute et moyenne vallées du fleuve Sénégal (Sénégal)*. Thèse de doctorat. Université de Paris X.

GOSSELAIN, O.P. 2000. "Materializing identities: An African perspectives". *Journal of Archaeological Method and Theory* 7(3):187-217.

GRAVRAND, H. 1983. *La civilisationsereer: Cosaan*. Dakar: NEA.

HUFFMAN, T. 1982. "Archaeology and Ethnohistory of the African Iron Age". *Annual Review of Anthropology* 11:133-150.

KRAMER, C. 1985. "Ceramic Ethnoarchaeology". *Annual Review of Anthropology* 14:77-102.

LA VIOLETTE, A. 1995. "Women Craft Specialists in Jenne. The Manipulation of Mande Social Categories". In *Status and Identity in West Africa*, D.C. Conrad & B.E. Frank, 170-81. Bloomington & Indianapolis: Indiana University Press.

LIGHFOOT, K.G & MARTINEZ, A. 1995. "Frontiers and Boundaries in Archaeological Perspective". *AnnualReview of Anthropology* 24: 471-492.

MANE, M. 1978. « Contribution à l'histoire du Kaabu, des origines au XIX$^e$ siècle ». *BIFAN* (B;40-1):87-159.

MARTIN, V. & BECKER, C. 1977. « La Sénégambie à l'époque de la traite des esclaves ». *Revue Française d'Histoire d'Outre-Mer* 235:203-24.

NIAKATE, B. 1946. « Industrie potière en pays sarakolé (Subdivision de Mara, cercle de Nioro) ». *Notes Africaines* 32:10.

NIANE, D.T. 1989. *Histoire des Mandingues de l'Ouest. Le royaume du Gabou.* Paris: Karthala.

PELISSIER, P. 1966. *Les paysans du Sénégal. Les civilisations agraires du Cayor à la Casamance.* Saint Yrieix: Imprimerie Fabrègue.

RAIMBAULT, M. 1980. « La poterie traditionnelle au service de l'archéologie: les ateliers de Kalabougou (cercle de Ségou, Mali) ». *BIFAN* 42 (3):441-74.

SALL, M. 2005. *Traditions céramiques, Identités et Peuplement en Sénégambie. Ethnographie comparée et essai de reconstitution historique.* Oxford: Bar Series. Cambridge Monographs in African Archaeology 63.

SALL, M. 2005: "Cultural contacts and technical heritage in Senegambia". In A. Livingstone Smith, R. Martineau et D. Bosquet (eds) *Pottery manufacturing process: reconstructing and interpretation*. Oxford: BAR International Series 1349:57-66.

SALL, M. 2009. « Familles céramiques des sites de la Vallée du fleuve Sénégal (0-1400 AD) et problématique des origines Sereer ». In: Magnavita, S.; Koté, L.; Breunig, P. & Idé, O.A. (eds.), Crossroads / Carrefour Sahel. Cultural and technological developments in first millennium BC/AD West Africa. Developpements culturels et téchnologiques pendant le premier millénaire BC/AD en Afrique de l'Ouest. *Journal of African Archaeology Monograph Series 2.* Africa Magna Verlag, Frankfurt a. M: 223-232.

SALL, M. 2010. « Culture matérielle céramique et identités en Pays Fogny (Casamance, Gambie) ». In Thiaw, I (ed) *Espace, Culture matérielle et Identités en Sénégambie*, Série des Livres du Codesria, Dakar, Sénégal: 39-66.

SALL, M. 2012. « Shaping techniques, pots forms and cultural relationships: A case study in two Gambian villages ». *Arkeos* 31:61-69.

SAUVAGEOT, S. 1973. "Une carte des villages baïnouk de Casamance (Sénégal) établie lors d'une mission accomplie en 1973. In *Les langues dans le monde ancien et moderne: Afrique subsaharienne*. Paris: Cnrs: 10.

SHENNAN, S.J. 1989. "Introduction: Archaeological approaches to cultural identity". In *Archaeological Approaches to Cultural Identity*, ed. S.J. Shennan, 1-32. London: Unwin Hyman Ltd.

STILES, D. 1977. « Ethnoarchaeology: A Discussion of Methods and Applications ». *Man* 12(1):87-103.

VIROT, C. 1994. « Terre africaine ». *Revue de la céramique et du verre* 79:23-46.

WRIGHT, D.R. 1985. "Beyond migration and conquest: Oral traditions and Mandinka ethnicity in Senegambia". *History in Africa* 12:335-48.

www.ingramcontent.com/pod-product-compliance
Ingram Content Group UK Ltd.
Pitfield, Milton Keynes, MK11 3LW, UK
UKHW061213180426
11947UKWH00029B/2027